Erich-Norbert Detroy

Mit Begeisterung verkaufen

Das Makler Service der VB Leasing feiert.
Starten Sie mit uns ins 20te Jahr.

VB LEASING
LIKE IT. LEASE IT.

Wir wünschen Ihnen

Peter Schörg

begeisterndes Verkaufen, die Ernte der Begeisterung
und damit ein begeisterndes Leben.

ERICH-NORBERT DETROY

„Wir streben danach, unsere Kunden und Partner
täglich aufs Neue zu begeistern“

PROKURIST WALTER RIMPL

Wien, Februar 2012

Erich-Norbert Detroy

Mit Begeisterung verkaufen

REDLINE | VERLAG

Bibliografische Information der Deutschen Nationalbibliothek

Die Deutsche Nationalbibliothek verzeichnet diese Publikation in der Deutschen Nationalbibliografie; detaillierte bibliografische Daten sind im Internet über http://dnb.d-nb.de abrufbar.

ISBN 978-3-636-01419-1

Unveränderter Nachdruck 2011

7., aktualisierte Auflage 2007
6. Auflage 2005
5. Auflage 1999
4. Auflage 1998
3. Auflage 1996
2. Auflage 1994

Satz: HJR, Sandra Wilhelmer, Landsberg am Lech
Druck: GGP Media GmbH, Pößneck
Printed in Germany

Inhaltsverzeichnis

Die Einstellung macht den Unterschied

Wie kommt es, dass ein Spitzenverkäufer oft ein Vielfaches seiner „Durchschnittskollegen“ verkauft? Verfügt er über ein besonderes Elixier, über geheimnisvolle Kräfte, oder ist diese Gabe gar genetisch veranlagt? Was macht er anders als andere Verkäufer?

Ja, es gibt in der Tat viele rechtschaffene Verkäufer, die sich täglich abmühen und trotzdem nicht über das graue Mittelmaß hinauskommen. Da helfen auch keine noch so cleveren Argumentationstechniken weiter – um hinter das „Geheimnis“ von Spitzenverkäufer zu kommen, muss man schon genauer hinschauen.

Dabei liegt der Super-Erfolg oft genug in der Luft, denn der Spitzenverkäufer ist freier, unbelasteter, er geht beherzter und zuversichtlicher an die Sache. Kurz: Er reißt seine Kunden durch seiner Begeisterung mit, sodass sie ihm einfach nicht widerstehen können!

Viele andere seiner Kollegen hadern oft genug mit sich selbst, denn sie haben (zu viel?) Angst vor dem Versagen, vor dem „Nein“ des Kunden und lassen sich deswegen mit dessen Hinhaltetechniken vertrösten: „Ich muss es mir noch einmal überlegen!“

Der Spitzenverkäufer dagegen reagiert schlagfertiger, gewitzter, frecher: „Na, dann erstellen Sie doch ein ergänzendes Angebot!“ Er weiß, dass ihm bei einem „Nein“ seines Kunden nur „HHH“ weiterbringt – Höfliche Hartnäckigkeit Hilft.

Viele Menschen schleppen ihr ganzes Leben Erziehungsfehler wie die folgenden mit sich herum: „Man macht so was nicht!“ – „Widersprich nicht!“ –„Mit dem Hut in der Hand kommst du durchs ganze Land!“ – „Mach artig deinen Diener!" Doch der Spitzenverkäufer handelt nach einem ganz anderen Motto: „Frechheit siegt!"

Verwechseln wir den begeisterten und begeisternden Verkäufer aber nicht mit einem Sonnyboy, der immer und jederzeit lächelnd über alles hinwegsehen kann. Der Verkäufer, den ich meine, ist selbstverständlich ein besonnener Mensch, der seinen Job, seine Kunden und sich selbst sehr ernst nimmt. Er nimmt nichts auf die leichte Schulter – aber er tut alles, um Erfolg zu haben.

Die Anforderungen an uns Verkäufer wachsen stetig, denn zu Beginn jeden Jahres heißt es: „Zehn Prozent mehr, bitte!" Natürlich legen wir uns zunächst eine Strategie zurecht, wie wir das neue Jahr angehen, wann wir welche Verkaufsaktionen starten und mit welchen Ideen und Methoden wir unsere Verkaufserfolge erneut steigern können.

Smarte Ideen und clevere Tipps für diese Techniken finden Sie in meinem Buch „Das Powerbuch der Neukundengewinnung" (siehe Literaturempfehlungen auf Seite 235). Doch während es dort um Verkaufs*methoden* geht, stehen im Mittelpunkt des vorliegenden Buches die *innere Einstellung* und *mentale Haltung* des Spitzenverkäufers.

Die innere Einstellung bildet die Vorstufe zu jeglichem Verhalten: Habe ich Angst, spürt mein Gegenüber diese Angst. Freue ich mich hingegen, dann strahle ich diese Freude aus. Der Kunde ist somit ein Spiegelbild meiner mentalen Haltung, meiner Empfindungen, meiner selbst: Angst erntet Vorsicht, Freude erntet Erfolg.

Begeisternde Verkäufer

Begeisternde Verkäufer haben Charisma, sie strahlen das gewisse Etwas aus, dem ihre Kunden folgen. Das ist

– auf den Punkt gebracht – das Geheimnis ihres Erfolges.

Bei begeisternden Verkäufern spüren wir heitere Gelassenheit und gleichzeitig eine kreative und produktive Anspannung – kein Wunder, ist ihnen doch ihr Erfolgswillen anzusehen!

Begeisternde Verkäufer verstehen es, sich täglich immer wieder aufs Neue zu motivieren. Sie haben „äußere" Motivatoren wie eine schicke Uhr, einen klasse Laptop, einen perfekt sitzenden Anzug oder ein tolles Handy. Aber die wahren Könner unter den begeisternden Verkäufern wissen, dass dauerhafte Motivation nur von innen kommt, aus ihnen selbst entspringt. Sie handeln nach dem an Konfuzius angelehnten Grundsatz: „Mache deinen Job zum Hobby, dann musst du nie mehr arbeiten!"

Begeisternde Verkäufer arbeiten konsequent an ihrer eigen Persönlichkeit, sie wissen, dass sie nur sich selbst verantwortlich sind. Sie arbeiten an ihrem Verhalten (das übrigens jeder Mensch jederzeit an sich ändern kann!), das stets ihre positive Grundhaltung sich selbst, ihrem Job und ihren Kunden gegenüber transportieren soll.

Begeisternde Verkäufer werden nicht nervös, wenn die Luft mal spannungsgeladen ist. Sie betrachten Schwierigkeiten und Hindernisse als Chance, denn sie handeln nach dem Grundsatz: „Wenn es schwierig wird, werde ich gebraucht – denn wäre alles einfach, würden es andere erledigen!"

Zu guter Letzt: Begeisternde Verkäufer können auch ihren Frust überwinden und Niederlagen rasch verarbeiten – weil sie daraus lernen, denselben Fehler nicht wieder zu begehen, und so stetig ihre Erfolgschancen vergrößern.

Ich wünsche Ihnen viel Nutzen aus den Gedanken, die ich Ihnen anbiete. Ich wünsche Ihnen Selbstüberzeugung und viel Gewinn für Ihre positive Ausstrahlungskraft. Ich wünsche Ihnen große Schritte vorwärts auf Ihrem persönlichen Weg zum Super-Erfolg. Ich wünsche Ihnen, dass Sie mit Begeisterung verkaufen, dass viele Kunden zu Ihren Fans werden!

Begeisterung begeistert und wer begeistert, ist Sieger! Werden auch Sie ein begeisternder Verkäufer – nutzen Sie dieses Buch, um das Beste aus sich zu machen!

Ihr

Erich-Norbert Detroy

www.detroy-consultants.de

Wie sich Verkäufer immer wieder neu erfinden

Wie sich die Verkaufsprozesse verändert haben

oder: Auf was sich Verkäufer heute einstellen müssen

Auf was müssen sich Verkäufer heute einstellen?

Die letzten 30 Jahre haben die Verkaufslandschaft epochal verändert:

- Der real existierende Sozialismus mit seinen ineffizienten Planwirtschaftssystemen brach fast weltweit zusammen,
- die Märkte haben sich infolgedessen global geöffnet, und
- die Menschen haben sich (leider) entzweit.

Auf drei Prozesse, die mit diesen epochalen Veränderungen in den letzten 30 Jahren zusammenhängen, möchte ich kurz eingehen:

Globalisierung

Die Welt – ein Dorf

Die Welt wurde zum Dorf: Die nationalen und regionalen Märkte (inklusive der ehemaligen UdSSR und der Volksrepublik China) haben sich durch die Annäherung an die marktwirtschaftlichen Prinzipien für alle Länder geöffnet.

Und da Transportleistungen durch intelligente Logistiksysteme (Logistik ist innerhalb des Betriebswirtschafts-Studiums der absolute Renner!) in den relativen Kosten, anteilig an den Produktionskosten, kaum noch eine Rolle spielen, ist die Produktion auch hochwertiger Güter an jedem Ort (teilweise mit europäischen Management) möglich. Und was die Volksrepublik China und der gesamte Ferne Osten für die Produktion darstellen – ein günstiger Standort –, ist Indien bereits im Bereich der IT-Dienstleistungen.

Kommunikation

„Bit" und „NoBit" haben seit ihrer „Erfindung" durch den Deutschen Konrad Zuse in den 1940er Jahren einen beispiellosen Siegeszug vollzogen, seit den 1980er Jahren mit schwindelerregendem Tempo. Was noch vor 15 Jahren wie Zukunftsmusik klang, ist heute eine absolute Selbstverständlichkeit – moderne Formen der Internetnutzung im E-Business sind für viele Menschen ein Teil ihres (Ver-)Kaufalltags:

E-Business für jedermann

Es wird im Internet „gegoogelt", die besten Angebote können quasi spielerisch recherchiert und gebucht werden. Ebay feiert grandiose Erfolge mit der weltgrößten Versteigerungsbörse. Und OpenBC, ein wunderbares Forum für Geschäftskontakte, will jetzt auch an die Börse gehen.

Kein Wunder also, dass es bereits Ausschreibungen im Internet gibt, die allerdings häufig vom „Verbot der telefonischen Kontaktaufnahme" begleitet werden.

Gesellschaftliche Umwälzungen

In den meisten europäischen Ländern liegt die Scheidungsquote bereits oberhalb der 40 Prozent-Marke. Single-Haushalte nehmen zu, auch weil junge Leute heute später heiraten und meist auch später Kinder kriegen – wenn überhaupt. So liegt die Zahl der kinderlosen Akademikerinnen in Deutschland bereits bei über 50 Prozent.

Der leider bereits verstorbene Frederic Vester, Mitbegründer der *Biokybernetic*, stellte bereits Ende der 1990er Jahre fest, dass rund ein Drittel aller Europäer in einer so von ihm benannten „sozialen Eiszeit" leben. Das heißt, diese Menschen leben allein, fahren allein zur Arbeit, arbeiten dort allein, kommen in ihre leere Wohnung zurück, verbringen ihre Wochenenden allein etc. Sie können sich nicht mehr der Wärme einer Großfamilie, des Eingebundenseins in soziale Kontakte wie die eines Vereinslebens oder einer intakten Nachbarschaft erfreuen.

Individualisierung und Vereinsamung – zwei soziale Haupttrends

Diese großen Veränderungen müssen erst mal gemeistert werden. Welche Ansätze gibt es dafür?

Ansätze im B2B-Bereich – Business to Business

Wir müssen *schneller* werden, der Langsame hat keine Chance mehr. Sendegeschwindigkeit bestimmt Reaktionsgeschwindigkeit, denn eine E-Mail braucht nur wenige Sekunden, um ihren Empfänger zu erreichen. Folge: Dieser darf sich nicht mehr wie früher Tage lang Zeit für eine Antwort nehmen, sondern muss möglichst zeitnah reagieren – quasi *just-in-time*.

Wer langsam ist, verliert

Auch die Geschwindigkeit von *Nachahmungsprozessen* nimmt fast beängstigende Züge an. Täglich hören wir von millionenschweren Plagiatsfunden – und die stammen nicht nur aus China! Wer seine neuen Produkte nicht schnell auf den Markt bringt, wird immer häufiger das Nachsehen haben. Zudem sind die ersten Marktanteile – die frühen – auch die billigsten.

Gerade einfache *Produkte* sind austauschbar, *Systeme* hingegen nicht. Also müssen wir Systeme anbieten und verkaufen.

Systeme statt Produkte verkaufen

Dafür ist es aber unabdingbar, die Wertschöpfungsketten unserer Kunden exakt zu kennen und zu versuchen, diese von Anfang an mitzugestalten – von der Produktidee und ihrer Entwicklung bis hin zu ihrer erfolgreichen Implementierung beim Kunden unseres Kunden: Haben wir hier wirklich überall die Hand mit im Spiel? Erlaubt es unser Kunde? Oder wünscht er es sogar – weil wir hervorragende Ratgeber sind?

Lebenslanges Lernen

Für uns Verkäufer bedeutet das: Wir können uns nicht darauf ausruhen, dass wir das, was wir irgendwann einmal gelernt haben, für immer und ewig brauchen können.

Allein unser Produktprogramm unterliegt einer enormen Entwicklungsgeschwindigkeit. Es gibt bereits heute Unternehmen, die stolz verkünden, dass sie über 70 Prozent ihres Umsatzes mit Produkten machen, die jünger als drei Jahre sind.

Dienstleistungen sind das Gebot der Stunde. Diese zu leisten ist für viele Lieferanten eine Selbstverständlichkeit. Aber: Verstehen sie es auch, ihre Dienstleistungen zu „verkaufen“? Wenn *Service* kostenlos ist, wird er gern bagatellisiert: „Schon gut!“ oder „Nicht der Rede wert!“ oder „War doch selbstverständlich!“ Oder ist Service nicht vielmehr bereits unser Geschäftsfeld? Schließen wir bereits Konstruktions-, Service- oder Wartungsverträge ab? Auf Jahre? Für gutes Geld?

Harte Verhandlungen

Und wie steht es mit unserem verkäuferischen Geschick in schwierigen Verhandlungen? Brechen wir sofort ein? Ist der einzige Punkt, auf den wir uns vorbereiten, die Preisfrage? In Verhandlungen sind heute professionelle Fähigkeiten gefragt, denn nur noch dilettantische Einkäufer bedienen sich der „Tricks“ ihrer eigenen „Einkäufer-Väter“ wie zum Beispiel warten lassen, in das Licht schauen lassen, brüllen, mit Reklamationen beginnen.

Der heutige Profi-Einkäufer stellt ganz andere Anforderungen, denn er denkt und handelt im Sinne des Supply-Chain-Managements (SCM). So fragt er danach, wo und wie wir seinem Unternehmen ganzheitlich helfen können.

Einkäufer sind professioneller als früher

Wenn Sie mehr über das Thema Supply-Chain-Management wissen und erfahren wollen, welche Fragen Profi-Einkäufer in diesem Zusammenhang genau stellen, dann lesen Sie in meinem Buch „Sich durchsetzen in Preisgesprächen und -verhandlungen" nach (siehe Literaturempfehlungen auf Seite 235).

Ansätze im B2C-Bereich – Business to Consumer

Welche Erwartungen haben heute Endverbraucher an ihre Einkaufsstätten? Über das Internet verfügen sie über hervorragende Informationsquellen, die täglich mit den Tageszeitungen und kostenlosen Werbeblättchen hereinflatternden Prospekte vermitteln zusätzlich das Gefühl, dieses oder jenes haben zu müssen – und zu diesem oder jenem Preis erst recht!

Die „Geiz-ist-geil"-Welle ebbt zwar seit einiger Zeit spürbar ab, dennoch gelten knapp 25 Prozent aller Verbraucher als Schnäppchenkäufer oder als so genannte Smart-Shopper, die das Beste zum billigsten Preis suchen.

Geiz ist nicht mehr geil

Trotzdem mehren sich die Anzeichen, dass sich der Billigtrend umkehrt: Zunehmend mehr Verbraucher achten wieder stärker auf Qualität und lassen sich diese auch etwas kosten.

Deswegen verfolgen viele Unternehmen auch eine Zwei-Marken-Strategie mit Billig- und Teuerläden, beide natürlich mit unterschiedlichem Namen, um beim Verbraucher keine Irritationen aufkommen zu lassen.

Die Ladenschlusszeiten ändern sich gegenwärtig auch, die Inhaber berichten von einer gewissen Zunahme der Besuchsfrequenz, die aber nicht notwendigerweise mit einer Umsatzsteigerung verbunden ist. So angenehm es uns erscheint, abends oder am Wochenende einzukaufen – wir dürfen nicht vergessen, dass sich dieser Service auch in der Preiskalkulation niederschlägt. Denn wenn das Einkaufen zeitlich gestreckt wird, muss der Ladeninhaber ebenso das Personal „strecken". Denken wir auch daran, wenn wir uns beschweren wollen, dass kein Personal für eine Beratung zur Verfügung steht?

Viele Verbraucher kommen indes – Google sei Dank – gut informiert ins Geschäft, erwarten dort einen günstigen Preis und gleichzeitig den Service des Ladengeschäftes. Hier gibt es für den Ladeninhaber nur eine Möglichkeit: selbst im Internet präsent zu sein und das „Ramsch"-Produkt zumindest eine Zeit lang aus dem Verkauf zu nehmen.

Verbraucher zahlen mehr, wenn sie mehr erleben

Aber Produkte im Ladengeschäft teurer zu verkaufen, gelingt nur, wenn der Einkauf selbst für den Kunden zum absoluten Erlebnis wird – und zwar während des Einkaufs *und* auch danach, wenn er die Ware zu Hause auspackt. Dazu muss man sich als Ladeninhaber und/oder -geschäftsführer einiges einfallen lassen:

- Gibt es einen VIP-Ausweis auch für *Normal*kunden?
- Wird die Rundumbetreuung während des gesamten Einkaufs als angenehm empfunden?
- Gibt es ein kleines Geschenk (ein *Give-away/Take-away*) an der Kasse?
- Werden Kunden mit Namen angesprochen? etc.

Viele Geschäftsleute beklagen sich über das Aussterben der Innenstädte, weil die Verbraucher lieber zu den Mammut-Märkten auf der grünen Wiese fahren. Dabei haben die meisten Städte doch hervorragende Voraussetzungen für attraktives Einkaufen:

- das Flair der Stadt mit ihren Bauwerken,
- Fußgängerzonen,
- individuell gestaltete Geschäfte mit abwechslungsreichem Sortiment,
- die Nähe zum Kunden, da deren Zahl überschaubarer ist,
- Parkhäuser,
- kurze Wege etc.

Statt also mit dem Finger auf den Verbraucher sowie die Großmärkte und Einkaufszentren am Stadtrand zu zeigen, sollten sich die Geschäftsleute mit Innenstadtlagen angesichts ihrer Uneinigkeit selbst an die Nase fassen:

- Welcher Verbraucher blickt denn noch durch bei den uneinheitlichen Ladenöffnungszeiten?
- Ist das Gezeter um einheitlichen Weihnachtsschmuck wirklich notwendig?
- Gemeinsame Werbung von Stadt und Geschäftsleuten wird oft durch gegenläufige Aktionen des Stadtmarketing konterkariert. Mancher Bürgermeister versteht sich mehr als Verwalter statt als Gestalter – dabei ist koordiniertes Stadtmarketing nicht delegierbar, sondern eine zentrale Aufgabe des Bürgermeisters: Dafür haben wir ihn schließlich gewählt! Wenn überhaupt, lassen sich nur einzelne Maßnahmen wie die Organisation von Festen, der Druck von Prospekten etc. outsourcen.

„Bäumchen, wechsle dich“ im Verkauf

oder: Kann man jedes Produkt verkaufen? Kann man sich für jede Firma einsetzen?

Wie soll ein Verkäufer erfolgreich ein Produkt verkaufen, hinter dem er nicht steht, das ihm nichts bedeutet, das er selbst nicht schätzt und nicht für nützlich hält? Wie soll ein Verkäufer ein Unternehmen repräsentieren, dem er selbst misstraut, dessen Führung er für unfähig hält und dessen Politik und Philosophie er ablehnt?

Verkaufen fordert Identifikation und Ehrlichkeit

Verkauf ist kein Rollenspiel

Verkaufen ist kein Theaterstück. Im Verkauf klappt es nicht, in der Garderobe eine Maske aufzuschminken und dann auf die Bühne vor die Kunden zu treten mit Sätzen auf den Lippen, die nur gespielt, nicht aber vom „Schauspieler“ namens Verkäufer selbst gedacht, selbst akzeptiert, selbst gelebt werden.

Wer vorgibt, alles und jedes für jedes Unternehmen verkaufen zu können, ist ein Gaukler und Possenreißer. Der Kunde spürt die ehrliche innere Überzeugung, die hinter den Verkaufsargumenten steckt. Nur mit Ehrlichkeit lassen sich Kunden überzeugen. Übertölpeln gelingt zuweilen auch mit der aufgeschminkten Maske. Die solide Basis wertvoller Stammkunden aber lässt sich nur per Ehrlichkeit gewinnen.

Die inneren Einstellungen – zunächst zu sich selbst und zum Beruf als Verkäufer, dann zum Produkt, zum Unternehmen, zum Nutzen und zu den Vorteilen, die der Kunde gewinnen kann – prägen das ehrliche Verkaufsgespräch. Diese inneren Einstellungen entscheiden, ob der Verkäufer glaubwürdig auftritt oder ob er schnell als Scharlatan enttarnt wird. Wer glaubt, gegen seine inneren Einstellungen handeln zu können, wird aus sich selbst heraus dafür büßen: Mit seinem Magengeschwür wird er für sein Falschspiel wider die eigenen Überzeugungen bestraft.

Verkaufen wider Willen macht krank

Die Seele lässt sich nicht so leicht beugen wie die Gedanken und vor allem die Worte des Verkaufsgesprächs. Aus der unterdrückten inneren Wertewelt machen sich die Frustrationen in körperlichen Krankheiten Luft. Der Körper reagiert mit Krankheiten, die aus der Seele kommen, die daher auch „psychosomatische Krankheiten“ genannt werden.

Nur der Verkäufer, der voll und ganz von seinem Produkt überzeugt, ja, davon begeistert ist, der sein Produkt „liebt“, kann auch seine Kunden zu Fans, im Idealfall sogar zu „Liebhabern“ dieses Produkts machen. Dazu als Vergleich eine treffende Parallele aus der antiken Sagenwelt:

Der Bildhauer Pygmalion meißelt eine weibliche Statue. Mehr und mehr vertieft er sich in die Details seiner Schöpfung. Plastischer und plastischer arbeitet er jeden Zug des Gesichts, jede Rundung des Körpers heraus. Mehr und mehr aber verliert sich seine Fantasie dabei auch in Träumereien. Je intensiver er an seiner Statue arbeitet, desto intensiver wächst sie ihm ans Herz. Schließlich tritt er einige Schritte zurück, um einmal mehr sein Werk zu betrachten.

Ja! Das ist die wirklich makellose Gestalt. Ja, es ist gelungen, eine absolut perfekte Frau zu schaffen. Übermannt von Stolz und der in Monaten gewachsenen innigen Liebe zu seinem Werk umarmt Pygmalion seine Schöpfung.

Doch da durchbrechen plötzlich ein zuckender Blitz und heftiger Donner die andächtige Stille. Pygmalion fällt zu Boden, wie von mächtiger Hand niedergeschleudert. Als er aber wieder aufzuschauen wagt, voller Angst um seine Statue, da kann er seinen Augen nicht trauen. Seine Schöpfung lebt.

Sie bewegt sich, sie wendet sich ihm zu und lächelt. Sein Werk aus Stein ist zum Leben erwacht, zu Leben aus Fleisch und Blut.

So sehr hat er sein Werk geliebt, dass die gnädigen Götter seine Wünsche erhörten. Seine Schöpfung lebt! Und er vermählte sich mit ihr, sie zeugten Kinder und wenn sie nicht gestorben sind, so leben sie noch heute – glücklich.

Was nicht in dir selbst brennt, kannst du in niemandem entzünden

Gelingt dem Verkäufer Ähnliches? Kann er seine Produkte so innig in sein Herz schließen, dass diese in seinen Argumenten zum Leben erwachen? Wenn ihm das gelingt, kann er das wohl kaum mit jedem beliebigen Produkt.

Wie sollen sich Produkte aber so innig lieben lassen, die doch voller Schwächen stecken? Beweisen nicht die vielen Reklamationen, wie unvollkommen das Produkt immer wieder ist? Und dann erst das Unternehmen als solches – diese Organisation, dieser Chef, diese Bürokratie im Lager – das alles soll sich innigst lieben lassen?

Verkauf fordert Selbstsicherheit, Selbsttraining und Balance

Aber da gibt es doch auf der anderen Seite die Lebensregel: „Nur wer seine Schwächen akzeptiert, der kann aktiv daran arbeiten, sie auszumerzen und sich zu vervollkommnen.“ (Nutzen Sie dazu die vielen hilfreichen Hinweise und Tipps im Abschnitt „Motiviere dich selbst, sonst motiviert dich keiner“, Seite 67)

Warum fällt es denn so schwer, auch beim Produkt dessen Schwächen anzunehmen? Nichts auf dieser Welt ist vollkommen. Warum also nicht denken: „Gut, dass es das Produkt gibt, denn es müsste sonst unbedingt erfunden werden. Wie sollten die Kunden plötzlich ohne das gewohnte Produkt auskommen? Warum sollte es nicht möglich sein, das Produkt immer noch hier und dort ein wenig zu vervollkommnen? Aber niemand könnte oder wollte doch warten, bis das Produkt endlich völlig perfekt ist. Niemand wollte so lange auf die Vorteile verzichten, die das Produkt doch auch jetzt schon bietet.“

Ohne Produktschwächen bräuchte man keine Verkäufer

Lässt sich die Liebe zum Produkt entwickeln? Lassen sich Überzeugung und Überzeugungskraft trainieren? Welche Hilfen gibt es, die Liebe zum Produkt in der eigenen inneren Einstellung zu stärken?

Die Begeisterung für ein Produkt entsteht nicht von selbst. Die Wurzeln jeglicher Begeisterung sind unser Interesse für die Sache. Und erst Interesse macht eine Auseinandersetzung möglich.

Wer sich nicht für Fußball interessiert, wird sich kaum Spielernamen oder Spielausgänge, geschweige denn Tabellenstände merken können.

Wer sich nicht für Geschichte interessiert, wird sich kaum merken können, wann Luther geboren wurde und wann Goethe gestorben ist.

Wer sich nicht für das eigene Produkt interessiert, wird sich kaum merken wollen, zu welchen Zwecken man es einsetzen kann und welchen Nutzen es spendet.

Erst tiefes Interesse – Interesse, das dem gleichkommt, das man für ein Hobby aufbringt, das einen begeistert – ermuntert uns dazu, uns Tag und Nacht damit zu beschäftigen. Faszination ist das Ergebnis.

Die Spielregel beim Sich-damit-Beschäftigen lautet: Es dürfen keine negativen Gedanken formuliert werden. Jeder Gedanke muss positiv ausgedrückt werden. Kritik am Produkt, abqualifizierende Gedanken gegenüber dem Produkt müssen umgedreht und gekippt werden. Das heißt: Für die negativen Sichtweisen müssen „durch eine andere Brille“ Möglichkeiten gefunden werden, auch diese scheinbar negativen Eigenschaften positiv zu sehen. Das ist anfangs ungewohnt, gelingt aber mit einiger Übung immer besser. Der Weg dahin ist, einfach einmal durch die Brille von anderen zu schauen. Immer gibt es irgendwo irgendeine Brille, durch die sich jeder Faktor dann plötzlich auch positiv sehen lässt.

Dabei betrachten wir unser Produkt von allen Seiten, lassen vor allem durch Licht- und Schattenwirkung die „Schatten"-Seiten verschwinden, uninteressant werden. Die Schokoladenseite muss es uns so antun, dass wir allmählich vor Freude innerlich juchzen.

Immer wieder gilt es, das Produkt „mit liebenden Händen" zu halten, es zu „streicheln", es lieb haben zu wollen. Anfassen und es ans Herz drücken, so gefällt dem Mädchen jede Puppe. Uns auch.

Zuneigung zum Produkt auf- und ausbauen

Der tiefere Sinn dieser Arbeit liegt darin, sich intensiv und konzentriert mit den positiven Eigenschaften, mit dem Nutzwert, mit den Vorteilen des Produkts zu beschäftigen. Diese positive Konzentration auf das Produkt dringt automatisch und unabwendbar ins Denken, in die innere Einstellung zum Produkt ein. Wer sich aufs Positive an seinem Partner konzentriert, wird deutlich spüren, wie die Zuneigung zu diesem Partner wächst und Raum gewinnt. Mit dem Produkt klappt das ebenso. Da steckt ein psychischer, also ein „seelischer" Mechanismus dahinter.

Auf diesem Weg über die gesteuerte Konzentration aufs Positive am Produkt klappt es, die „Liebe", die freundliche Sicht, ja sogar die Begeisterung gegenüber dem Produkt zu stärken. Die Übung lässt sich mit wachsendem Erfolg immer wieder durchführen.

Positive Gedanken produzieren eine positive Einstellung

Die Wirksamkeit der positiven Gedankenkonzentration lässt sich steigern, wenn sie im Kollegenkreis, im Kreis von Freunden, Bekannten oder im Kreis der Familie durchgeführt wird. Dann sprechen sich mehrere gegenseitig positive Gedanken zu. Das Spektrum der gesammelten positiven Gedanken wird breiter und vielfältiger. Das wirkt noch stärker als nur die eigene Konzentration aufs Positive.

Natürlich lässt sich dieses Training mit der Positivsicht auch für das Unternehmen, für den Chef, für den Innendienst oder ganz grundlegend für den manchmal so gering geachteten wertvollen Verkäuferberuf durchführen.

Kein Mensch kann jedoch mit noch so viel Training seine innersten Grundüberzeugungen kippen.

Sich nicht verstellen, sich ändern

Da lässt sich einmal für eine Weile „sündigen“. Das lässt sich einmal für eine Weile leugnen und unter den Teppich kehren. Da glaubt durchaus immer einmal wieder jemand, sich selbst überlisten, sich selbst im Innersten umkrempeln zu können. Über längere Zeit hinweg gelingt das nicht. Die Seele wehrt sich an anderer Stelle. Diese Menschen werden verbissen, aggressiv, unleidlich – oder aber sie entwickeln sich zur Gleichgültigkeit, zum „gebrochenen Rückgrat“ mit all seinen Folgen an Passivität, an Obrigkeitsgläubigkeit, an Nachlässigkeit in Erscheinung und Auftreten.

Auf Dauer reagiert auch der Körper mit Krankheiten: Magengeschwüre, Kreislaufstörungen, deutliche Gewichtszu- oder -abnahme, etc. – je nach Veranlagung.

Im Verkauf gewinnt auf Dauer nur, wer mit sich selbst im Reinen ist, wer in sich selbst ausbalanciert auf festem Grund und auf festen Beinen steht:

- Welches Produkt mag ich vertreten?
- Welches Unternehmen passt zu mir?
- Mit welchem Kundenkreis möchte ich zu tun haben?
- Wie steht meine Familie dazu?
- Welches sind meine Prioritäten?
- Wie gehe ich mit meinen Stärken und Schwächen um?
- Wo liegen meine Grenzen, physisch und psychisch?

- Verkaufen mit Begeisterung, verkaufen zur Begeisterung der Kunden, das gelingt nur, wenn das innere Wertesystem des Verkäufers mit dem des Produkts, des Unternehmens, der Methoden, der Ziele zumindest in weiten Bereichen deckungsgleich ist.

Verkaufen zum Nutzen, zur Freude, zum Gewinn für beide Seiten – das bedarf erst der inneren Balance vor jedwedem Kontakt mit Interessenten, vor jedem Aufbruch zum Kunden.

Begeistern kann sich ein Mensch erst

- wenn er sich mit etwas solidarisieren kann,
- wenn er etwas akzeptieren kann,
- wenn er sich an und über etwas freuen kann,
- wenn er sich löst von Ärger und Jammer, sich öffnet für Vorfreude und Sympathie.

„Mit Begeisterung verkaufen" beginnt also im Verkäufer selbst, in seiner Seele, in seinem Geist, in seinen Überzeugungen, in seinen Werten.

Erst wenn Begeisterung im Verkäufer selbst verwurzelt ist, dann kann er zum Kunden gehen, um ihn mit seiner Begeisterung anzustecken.

Verkaufserfolge wurzeln in der Seele

oder: Verkaufen, der schönste Beruf der Welt

Keiner lebt allein. Kein Verkäufer lebt als Eremit. Die Einsiedlerklausen büßender oder sich allein auf Gebete konzentrierender Mönche sind Legenden aus vergangenen Tagen dünner Besiedlung in vielen Gebieten.

Jeder Mensch steht heute in vielfältigen, in vielfach verflochtenen sozialen Beziehungen: Familie, Bekannten- und Freundeskreis, Kollegen, Vorgesetzte, Mitarbeiter, Kunden, Dienstleister und die Verkäufer von Lieferanten, Sachbearbeiter bei Behörden oder Verbänden – auch die Fahrgemeinschaft auf dem Weg zur Arbeitsstätte.

Der Mensch im Zwist: hier Individuum, dort soziales Wesen

Vielfach im sozialen Netz verflochten

Für niemanden lässt sich erschöpfend das Netz der Fäden zeichnen, die ihn mit anderen Menschen verbinden. Wie aber stehen wir zu all diesen Menschen um uns herum? Da zeigen sich völlig unterschiedliche Charaktere und Haltungen der einzelnen Menschen.

Zwei Geisteshaltungen

Zwei Extrempositionen grenzen den Spielraum ein, in dem sich jeder individuell ausprägt:

- Der/die eine denkt zunächst grundsätzlich schlecht von seinen/ihren Mitmenschen und erwartet immer Negatives von ihnen. Am liebsten hat er/sie mit niemandem zu tun, am liebsten schafft er/sie alles ganz allein und unabhängig.
- Der/die andere mag rundweg all seine/ihre Mitmenschen. Er/sie freut sich über Kontakte. Und er/sie nimmt von allen zunächst einmal nur Gutes an, erwartet Freundlichkeit und Zuwendung, lässt sich gerne helfen und hat Spaß an Teamarbeit.

Für Verkäufer lässt sich natürlich kein Schema entwerfen, das beschreibt, in welchem sozialen Umfeld sie leben sollten.

- Die eine mag eingefleischter Single sein.
- Der andere ist stolz auf und glücklich über seine Familie.

- Die eine mag froh sein, ohne feste Partnerschaft sich den unausweichlichen Frust alltäglich gelebter Zweisamkeit zu ersparen.
- Der andere zieht die Diskussionen mit seiner Frau auf jeden Fall dem Alleinsein vor.

Der entscheidende Punkt für den Verkäufer liegt nicht in den selbst gewählten oder mehr oder minder unfreiwillig erreichten Formen seines sozialen Lebens. Der entscheidende Punkt liegt in der Antwort auf die Frage: Wie geht er/sie mit diesen Umständen um? Sitzt da ständiger Groll in der Seele? Unzufriedenheit? Liegt das heimliche innere Sehnen im ständigen Streit mit dem Ist-Zustand? Oder geht er/sie souverän mit der Situation um, in der er oder sie steckt?

Die unbefriedigende Situation entweder akzeptieren, so wie sie ist, und das Beste daraus machen – das ist die eine Alternative. Oder aber es heißt, die Situation zu analysieren:

- Aus welchen Umständen ist sie entstanden?
- Welche Ansätze gibt es, sie zu ändern?
- Lässt sich's ändern, so folgen die nötigen Aktionen.
- Lässt sich's nicht ändern, dann bringen weder Ärger noch anhaltender Hader den befreienden Ausweg. Dieser bietet sich dann nur durch einen Wechsel der Situation oder durchs Akzeptieren der gegebenen Umstände.

Erfolge im Verkauf gründen auf innerer Balance, auf innerer Zufriedenheit des Verkäufers mit sich und mit den vielfachen Situationen, in die er eingebunden ist. Ganz simpel und einfach nannte sich das ehedem „Glück“: Wer mit sich, mit seinen Lebensumständen glücklich ist, der wirkt positiv auf andere, steckt an und löst gute Stimmung bei anderen aus, auch bei Interessenten oder Kunden. Gute Stimmung aber macht kaufbereit – einmal komplizierte Zusammenhänge ganz einfach verkürzt.

Glück ist hausgemacht

Die Zufriedenheit mit dem Leben entweder allein oder in einer Partnerschaft und Familie hängt also unmittelbar mit dem Erfolg im Verkauf zusammen. Wer glücklich ist, wer sich und sein Leben mag, den mögen auch andere.

Der geliebte Chef wird Führungskraft zum Erfolg

Entscheidend für den Erfolg im Verkauf ist auch das Verhältnis zum Vorgesetzten: „Schätze deinen Chef und du wirst erfolgreich verkaufen.“ *So* könnte eine vereinfachende Regel lauten.

Der Chef, ein Mensch wie du und ich

Chefs haben Stärken und Schwächen wie andere Menschen auch. Da gibt es liebenswerte Chefs und durchaus auch Vorgesetzte mit überaus kritikwürdigen Eigenschaften und Verhaltensweisen. Was lässt sich ändern?

- Am Chef? An der Situation?
- Die Sparte wechseln? Oder die Firma?
- Oder aber darangehen, das Beste aus und mit diesem Chef zu machen?
- Vielleicht gerade, weil er so ein schwieriger Mensch ist, die Herausforderung annehmen, seine Stärken zu entdecken, diese hervorzuheben, diese zu nutzen und dadurch mit ihm gemeinsam Erfolg zu erringen?

„Sag dem Chef, wie gut er ist, und er wird sich für dich vierteilen.“ Wenn so etwas für Mitarbeiter gilt, weshalb sollte das für Chefs nicht ebenso gelten?

Kritik mit offenem Visier

- Vorgesetzte brauchen konstruktive Kritik – offen, klar, sachlich und auch höflich, aber nicht unterwürfig, nach vorne blickend statt Schuld zuweisend.
- Vorgesetzte haben ein Recht darauf, zu wissen, wo sich was und wie verbessern lässt.
- Konstruktive Kritik gehört zu den Pflichten des Verkäufers.
- Das heißt natürlich nicht, dass diese Kritik dem Vorgesetzten vor mutmachenden Zeugen lauthals ins Gesicht geschmettert werden muss. Das rechtfertigt aber auch nicht ewiges Nörgeln hintenherum. Heimliches Meckern nützt nichts, ändert nichts, vergiftet nur die eigene Stimmung und das Klima im Team oder in der Abteilung.

Ein Danke lässt das Teamwork blühen

- Auch Vorgesetzte freuen sich über Anerkennung, über ein Danke oder über ein aufmunterndes Wort. Das muss, das soll nicht kriecherische Schmeichelei sein. Das kann warten, bis es aus innerer Überzeugung kommt. Warum denn aber damit hinterm Berg halten?

Es macht keinen Spaß, Menschen zu führen, die ständig motzen, die schwerfällig sind und schlechte Laune verbreiten. Kein Boss gibt jemandem gern Arbeit, der zuerst daran herumnörgelt: „Warum muss ich immer diese miesen Arbeiten erledigen?!"

Man spielt ja auch lieber mit dem Hund, der freudig Schwanz wedelnd bettelt, ein Stöckchen holen zu dürfen. Lassen wir uns gern führen – das ist die Verantwortung, die wir gegenüber unserem Chef haben.

Liebe für die Kollegen im Team: Jeder hat ein Recht auf seine Stärken

Seinen direkten Vorgesetzten kann der Verkäufer sich zuweilen aussuchen, je nach Lage auf dem Arbeitsmarkt. Die künftigen Kollegen aber lernt er beim Einstellungsgespräch nur sehr selten kennen. Wie oft soll er die Firma wechseln, weil ihm wieder und wieder diese oder jene Nase im Kollegenteam nicht passt?

Zwietracht säen immer die anderen

Natürlich gibt es die Verkäufer, die stets mit Kollegen in Zwietracht stehen, die immer diesen oder jenen Kollegen auf dem Kieker haben, der für alle Mühe und Last, für alle Probleme und Misserfolge verantwortlich ist.

- Lässt er sich ändern?
- Lässt es sich am Kollegen ändern oder eher im eigenen Inneren?
- Sich abfinden?
- Die Stärken auch beim schwierigsten Menschen entdecken?
- Den anderen positiv sehen, statt ständig vor der Herausforderung zu flüchten?
- Wie lässt sich im Fall des Falles dem anderen helfen, ohne ihn zu verletzen, ohne ihn zu kränken?
- Wie lässt sich ihm positive Stimmung vermitteln und mit dieser dann auch konstruktive Kritik?

Positive Stimmung steckt an. Auch unter Kollegen. Verkäufer, die bei ihren Kunden beliebt sind, sind auch unter Kollegen beliebt. Das liegt an ihrer positiven Ausstrahlung.

Freude verbreiten

Wer seine Kollegen positiv sieht, wird auch von ihnen positiv gesehen. Das ist die Spirale nach oben ins tolle Klima im Team. Natürlich kann die Spirale auch nach unten in Gang kommen: Miesmacher verbreiten erfolgreich ihre miese Stimmung, wenn man nicht die Zusammenhänge kennt und von Anfang an gegensteuern kann.

Wer seine Kollegen mag, gewinnt die große Chance, auch selbst gemocht zu werden. Das bedeutet:

- Das Team springt in die Bresche, wenn es brennt.
- Wo Schwächen sichtbar werden, da zeigt sich Hilfsbereitschaft statt Häme.

Wer seine Kollegen mag, ist auch tolerant gegenüber deren Schwächen, reibt und nervt sich nicht ständig unnötig und ergebnislos daran. Unter Freunden wird einmal ein Tipp, einmal ein Rat viel bereitwilliger akzeptiert als vom „Gegner", vom „Konkurrenten", bei dem ich spüre, wie wenig er mich schätzt und achtet.

Schätze die anderen, und du wirst gemocht

Sachliche Zusammenarbeit ist die eine Seite der Beziehungen unter Kollegen. Das Klima im Team aber entwickelt sich nicht allein auf sachlicher Ebene. Da lässt sich viel Gutes an Kontakten, an Verständnis, an Klima jenseits des rein beruflichen Bereiches gestalten. Warum nicht ein Mal pro Woche oder pro Monat eine „Happy Hour" veranstalten, zu der auch der Vorgesetzte eingeladen wird? In zwangloser Atmosphäre lässt sich über „dunkle Wolken" über der Zusammenarbeit weit einfacher reden, als wenn man die Barriere des Schreibtisches überwinden muss.

Das Unternehmen selbst gewählt und doch so häufig ungeliebt?

Zu viel Überdruss gegenüber dem Brötchengeber

Warum ist bei so vielen Verkäufern so großer Verdruss über ihre Firma zu spüren? Die meisten Verkäufer scheinen ihr Brötchen gebendes Unternehmen zu verachten, oft gar zu hassen. Warum kehren sie ihm dann nicht den Rücken und nehmen eine andere Tätigkeit an? Aber sie wissen offenbar längst: „Das ist überall das Gleiche. Die da oben, das sind alles Ignoranten."

Oder liegt etwa solch negative Sicht doch am Auge des Betrachters? Könnte es sein, dass hier einmal mehr eine bekannte psychische Gesetzmäßigkeit durchscheint? Wer sich selbst nicht mag, wer mit sich selbst nicht klarkommt, der sucht die Schuld bei den anderen.

So ist er aus dem Schneider. Er bestätigt sich gar zu gern seine Machtlosigkeit, sein Ausgeliefertsein. Oder sollte vielleicht doch genau das Gegenteil ein Körnchen mehr an Wahrheit in sich bergen?

Schuld sind alle außer mir!

Je mehr Verkäufer über ihr Unternehmen klagen, je mehr Verkäufer über ihr Unternehmen schimpfen, je mehr Verkäufer etwas ändern und auf den Kopf stellen würden, hätten sie nur endlich „da oben" das Sagen, desto mehr drängen sich zweifelnde Fragen auf:

- Warum nur hat er/sie sich bei dieser Firma beworben?
- Warum nur zog er/sie nicht schon in der Probezeit wieder flüchtend von dannen?

Die lautesten Klagen kommen meist von Verkäufern, die wenig Motivation für ihren Beruf mitbringen.

- Das sind die Verkäufer, die gerade das Mindestmaß der Anforderungen erfüllen.
- Das sind die Verkäufer, die froh sein müssen, nach wiederholtem Scheitern nochmals eine neue Chance zu bekommen.

Kritik fängt beim eigenen Ego an

Diese Menschen aber kommen von ihren Grundmustern nicht los. Auch im neuen Unternehmen stecken sie von Anfang an im Sumpf ihrer negativen Sicht der Umstände, der Dinge um sich herum – ohne Selbstkritik. Im eigenen Selbst nämlich können sie am leichtesten und am schnellsten etwas zum Positiven verändern. Damit begänne auch für sie die Veränderung der Welt. Damit aber läge auch die Verantwortung bei ihnen!

Voller Missmut ob des „bösen Schicksals" mit „denen da oben" zieht solch ein Verkäufer zu den Kunden. Und er lamentiert vor diesen, wie ihn seine Firma im

Stich lässt, wie wenig er selbst entscheiden kann und darf, wie sehr der Kunde doch Recht mit seiner Kritik am Produkt und am Preis hat. Kein Wunder, wenn dieser Kunde bei diesem Verkäufer, bei diesem mies gemachten Lieferanten nicht ordert, sondern auf den Kollegen vom Wettbewerber wartet, der ihn mit seiner positiven Ausstrahlung vom begeisternden Produkt und vom vertrauenswürdigen Lieferanten überzeugt.

Nur wer stolz auf sein Unternehmen ist, kann beim Kunden Vertrauen erzeugen. Nur von vertrauenswürdigen Lieferanten kaufen die Kunden.

Jedes Unternehmen lebt in der Summe der Menschen, die in diesem Unternehmen arbeiten. Menschen aber sind nicht perfekt. Fehler gibt es immer und überall.

Erkannte Fehler sind Zukunftschancen

Der Unterschied liegt nur darin, wie fruchtbar Fehler genutzt werden, um künftig perfekter zu werden. Verkäufer, die ihr Unternehmen mögen, sich mit dem selbst gewählten Arbeitgeber identifizieren, stehen positiv auch zu ärgerlichen Fehlern.

- Da wird nicht nach Schuldigen gesucht.
- Da wird die Kraft nicht mit Rechtfertigungen vergeudet.
- Da geht es darum, für den Kunden den Schaden, den Verdruss, den Ärger so gering wie nur möglich zu halten.
- Da geht es darum, den Kratzer, die Beule am Image des Unternehmens so elegant wie nur möglich neu zu lackieren und zu polieren.

Wer sein Unternehmen mag, der steht zu diesem, gerade auch dann und dort, wo es mal knifflig wird: Probleme sind dann Herausforderungen.

Zu diesen kann der Verkäufer stehen, ganz offen auch Kunden gegenüber. Im Schönwetter kann jeder verkaufen. Erfolgreiche Super-Verkäufer zeigen oft erst in der Krise ihr Erfolgspotenzial. In der Herausforderung trennt sich die Spreu vom Weizen, auch in den Verkaufsteams.

Das wahre Erfolgspotenzial zeigt erst die Krise

„Mit Begeisterung verkaufen" an geliebte Kunden

„Mag deine Kunden wie dich selbst!" Das könnte als oberstes Gebot auf den Marmortafeln der Verkaufsgrundsätze eingemeißelt sein. Daraus folgt:

Zum erfolgreichen Verkäufer ist nur geeignet, wer mit sich selbst im Reinen ist, wer sich selbst mag, zufrieden auf die *Sache* und stolz auf sich blickt. Da erzählte doch ein Verkäufer von altem Schrot und Korn, dass für ihn ein Tag, an dem er nicht mindestens einen Kunden „über den Tisch gezogen" habe, „ein verlorener Tag im Verkäuferleben" sei.

Wen wundert da noch das miese, das abwertende Image, das der Verkäuferberuf in manchen Kreisen hat? Solche Kunden verachtenden Verkäufer rücken einen ganzen Berufsstand in ein schlechtes Licht.

Image ist deine Sache

Kunden haben ein Recht darauf, für ihr Geld einen reellen Gegenwert zu bekommen:

- Nutzen
- Zufriedenheit
- Glück
- Begeisterung
- Glauben ans „Schnäppchen", das sie gemacht haben

Deswegen aber muss kein Super-Verkäufer zum Verlierer werden. Der Verkauf ist einer der wenigen wundersamen Vorgänge, in denen immer beide Partner Sieger bleiben. Begeisterung macht gewinnende Kunden glücklich. Die innere Einstellung, die der Begeisterung zugrunde liegt, wird von der „Liebe" zu den Kunden

Liebe deine Kunden wie dich selbst!

getragen. Der Verkäufer mag seine Kunden – und sich selbst, sein Produkt, sein Unternehmen ebenso.

Verkaufen ist heute ein Dauerprozess, keine Eintagsfliege.

- Nichts kommt teurer als „verbrannte Erde" am Markt.
- Nichts kommt teurer, als ständig neue Kundenkreise, neue Verkaufsgebiete erschließen zu müssen, weil am bisherigen Markt mit der ersten Lieferungsrunde der Ruf wieder einmal restlos ruiniert wurde.

Reelles Verkaufen zieht keine Kunden über den Tisch. Der reelle Verkäufer muss nicht vor der aufgebrachten Menge flüchten. Begeisterung gibt den Ansporn für reelles, für langfristig erfolgreiches Verkaufen.

- Verkäufer mögen ihre Kunden.
- Verkäufer mögen ihre Kunden behalten.
- Verkäufer mögen stolz auf ihre vielen treuen Stammkunden sein.

Mit Drückermethoden gelingen all diese wirklichen Erfolge nicht.

Verkaufen ist Beziehungsmanagement. Das ist die Grundphilosophie hinter der Begeisterung. Beziehungen auf- und ausbauen, pflegen und zum gegenseitigen Gewinn bringen, das erfordert viel Arbeit. Das bedeutet auch, bei den potenziellen Kunden das über lange Zeit gewachsene Urmisstrauen gegen „Hard-Seller" wieder abzubauen. „Sie wollen doch nur verkaufen", begrüßt der Kunde abweisend. Scheinheilige Lügner unter den Verkäufern antworten nun: „Aber nein, ich komme nur, um Sie zu beraten."

Warum die Absicht, zu verkaufen, nicht offen eingestehen? Was ist so schlimm daran? Mit dem Kauf soll der Kunde doch gewinnen!

Warum also nicht offen und ehrlich die Karten auf den Tisch legen: „Natürlich, Herr Kunde, will ich auch an Sie verkaufen. Das Produkt bringt Ihnen sicheren Gewinn. Aber ich will noch mehr, als nur an Sie verkaufen: Ich will, dass Sie zufrieden sind. Ich will, dass Sie so zufrieden sind, dass Sie mich ständig weiterempfehlen. Das aber werden Sie sicher erst tun, wenn Sie vom Gewinn durch dieses Produkt überzeugt sind."

Wie du mir, so ich dir!

Wer dem Kunden Gutes tut, wird auch von Kunden Gutes empfangen. Wer Kunden zu Siegern macht, wird auch im Verkauf Super-Siege feiern können.

Verkaufen heute braucht dieses Selbstverständnis. Verkaufen kann in Zukunft nur tragfähig und rentabel sein, wenn sich ein Unternehmen auf seine Stammkunden verlassen kann. Das aber lässt sich nur über Beziehungsmanagement erreichen, über Beziehungen zu „geliebten" Kunden.

Neuer Glanz für den Verkäuferberuf

Verkäufer mit Begeisterung sind Sieger. Sieger aber sind beliebt – beliebt beim Publikum, beliebt bei den Kunden, beliebt bei den Kollegen, beliebt meist sogar bei den Konkurrenten. Begehrt sind sie beim Wettbewerber allemal!

Sieger sind die Lieblinge der Kunden

Verkäufer im Beziehungsmanagement sind die Lebensadern des Unternehmens. Sie verbinden das Unternehmen mit seinen Erfolgsquellen, das sind die Kunden. Verkäufer sind die lebenden Verkörperungen ihres Unternehmens. Der Verkäuferberuf wächst damit in neue Bedeutungen, aber auch in neue Herausforderungen hinein.

Allerdings wird diese neue Rolle des Begeisternden an den Verkäufer auch stark wachsende Anforderungen stellen:

- Nicht nur seine fachliche und seine kommunikative Kompetenz sind in Zukunft gefragt.
- Entscheidend werden seine Sozial- und seine Selbstkompetenz sein.

Nur ausgeglichene, sensible Menschen werden die Anforderungen erfüllen. Wer auf die altbewährten Rezepte und Tricks für den „schnellen Auftrag“ vertraut, dem bietet der Verkauf keine Zukunft. Wer den Verkauf als „schnellen Job“ für „schnelle Euros“ missversteht, wird auf Dauer an den neuen Herausforderungen scheitern. Die Chancen sind groß. Der Bedarf an Super-Verkäufern ist enorm. Doch Scharlatane und Falschspieler, Schauspieler und wortgewaltige Schönredner werden in Zukunft die Herausforderungen nicht mehr bestehen.

Verkauf als Beziehungsmanagement, Verkauf als Dienst am Kunden, Verkauf als die Vermittlung von Gewinn, von Erfolgserlebnissen, von Zufriedenheit und Begeisterung – dieses neue Verkaufen begründet auch wieder den Stolz auf diesen Beruf. Verkaufen ist nicht mehr Über-den-Tisch-Ziehen! Verkaufen wird zur kundenorientierten Dienstleistung.

Wann kommt der Verkäufer nur noch gegen Honorar?

Erste Stimmen übertreiben bereits: „Die Entwicklung muss dahin gehen, dass der Kunde um den Verkäuferbesuch bittet, dass der Kunde dem Lieferanten für jedes Verkaufsgespräch ein Beratungshonorar bezahlt.“

Trotz der Übertreibung liegt ein Körnchen Wahrheit in diesem Gedanken: Das begeisternde Verkaufsgespräch bringt dem Kunden in jedem Fall praktischen Gewinn. Der Verkäufer ist der Gewinnbringer. Der Kunde ist der Gewinner.

Verkaufen – der schönste Beruf der Welt

Verkaufen macht Freude. Verkaufen bringt einen tagtäglich mit neuen Menschen zusammen. Jeder hat seine Vorzüge, jeder stellt neue Herausforderungen dar. Immer wieder macht es stolz, den Kunden zufriedengestellt, ihn glücklich gemacht und begeistert zu haben.

Erfolgreich verkaufen macht stolz

Erfolgserlebnisse im Verkauf sind unmittelbar. Wie lange muss ein Ingenieur warten, ehe seine Konstruktion läuft und sich erfolgreich am Markt und in ihren Anwendungen bewährt? Der Verkäufer kann sich nach jedem Gespräch über seine Erfolge freuen, auch wenn sich nicht jeder Besuch, jeder Anruf im Auftragsbuch niederschlägt.

Verkaufen ist zudem ein krisensicherer Beruf. Gute Verkäufer benötigen Unternehmen im marktwirtschaftlichen System immer. Mögen Produkte vom Markt verschwinden. Mögen Unternehmen mit kompletten Sortimenten durch Innovationen aus dem Markt gedrängt werden. Auch das Neue braucht wieder Verkäufer. Die fachliche Kompetenz lässt sich umschulen. Jedes Unternehmen wird sich gute Verkäufer sichern.

Verkäufer – der sicherste Beruf der Welt

Der Untergang des sozialistischen Wirtschaftssystems hat deutlich gezeigt: Wer Talent zum Verkaufen hat, wer Freude daran hat, anderen Menschen Nutzen und Gewinn zu bringen, wer die Fähigkeit hat, den Bedarf, die Wünsche und Bedürfnisse der potenziellen Kunden zu erfassen und darauf mit Produkten oder Diensten eine Antwort zu geben, der findet schnell den Weg zum Aufstieg – finanziell ebenso wie in Bezug auf Ansehen und Geltung.

Das Wirtschaftssystem der Staaten des ehemaligen sozialistischen Blocks basierte auf der Verteilung und Zuteilung knapper Güter und kannte weder Verkäufer noch verkäuferische Tätigkeit. Wer hier bereit war, nach der Wende schnell in den Verkauf einzusteigen, der kann heute stolz auf seine neue Existenz blicken. Diese Existenz ist heute sicherer als die von Lehrern, von Beamten oder sogar von Ärzten und Apothekern. So rapide haben sich die Zeiten und die Umstände geändert, nicht nur in den Bundesländern und in den Staaten östlich der Elbe.

Wieso also den Beruf als Verkäufer nicht „lieben", nicht stolz darauf sein? Das ist dann wieder der erste Grundbaustein zu dieser inneren „Balance", auf der „Super-Selling" sich entwickelt.

Der Verkäuferberuf fordert Freude und Liebe auch des hohen physischen Einsatzes wegen. Der Verkäufertag ist kein Acht-Stunden-Tag. Verkäufer sind viel unterwegs.

Verkäufer müssen viel Stress bewältigen:

- Knappe Termine
- zeitraubende Staus auf den Straßen
- ungeduldige Kunden
- immer wieder auch überhebliche, arrogante und „absichtlich feindliche" Kunden
- blitzschnelle Reaktionen auf Fragen, auf Einwände, häufig auch auf Reklamationen des Kunden

Dem Stress trotzen ...

Das geht an die Substanz, das frisst körperliche, geistige und auch seelische Energie.

Verkäufer, die unter ihrem Beruf stöhnen, haben nicht die Kraft, das alles zu meistern. Aber Verkäufer, die Tag für Tag morgens mit Freude starten, Verkäufer, die mit Freude zu den Kunden fahren oder zum Telefon greifen – sie entwickeln ständig aufs Neue die inneren Kräfte, alle Herausforderungen nicht nur zu meistern, sondern in und mit diesen zu wachsen, häufig genug dabei sogar über sich selbst hinaus.

Beim abendlichen Rückblick über den vergangenen Tag legt sich dann Stolz und entspannende Zufriedenheit über alle Beschwerden des Tages. Und aus dem Stolz und aus der Zufriedenheit wächst schnell die neue Kraft, die Vorfreude für und auf den kommenden Tag. Keine Erfolge ohne Freude, vorher und danach! Freude ist der Motor für den Erfolg.

... und mit Freude neue Kräfte tanken!

Der Erfolg des Tages, der Woche, der Saison darf und soll gefeiert werden. Jeder Erfolg hat seine eigene Feier verdient. Der Feierabend, das Wochenende, der Urlaub, das sind die Zeiten für den ureigensten Spaß am Leben. Er ist redlich verdient. Abschalten und entspannen.

Der Erfolg ist des Genusses Ruhekissen

Garten, Joggen, Spielen mit den Kindern, ein gutes Buch, etwas basteln oder eine Partie Schach oder Billard – jeder hat seine Hobbys. Diese soll er in seiner Freizeit ausgiebig genießen.

Profi-Verkäufer haben Ehre

oder: Der aktive Kampf um eine schönere Zukunft

Nur selten bietet sich noch die Gelegenheit, für Unterkunft und Verpflegung zu arbeiten. Das war damals, als Knecht und Magd sich noch dafür beim Bauern verdingten, mühsam. Man wanderte von Hof zu Hof, denn irgendwo wurde immer – im Wesentlichen zur Ernte – eine fleißige Kraft benötigt.

In manchen ländlichen Regionen ist die Nachbarschaftshilfe noch sehr stark ausgeprägt. Man hilft dem Peter bei seinem Hausbau, also hilft der Peter bei dem meinen. Eine Hand wäscht die andere. Das führt auch zu Kameradschaftlichkeit und Freundschaft.

„Do ut des" war schon eine altrömische Rechtsformel: „Ich gebe, damit du gibst!" Man gibt etwas, damit man selbst etwas bekommt.

Fast völlig altruistisch (wenn ich nicht irre!) ist das amerikanische „Tit for tat". Hier gibt man weise, ohne die Absicht zu haben, je etwas zurückzubekommen. Zu finden sind solche Menschen meist bei den Teresas, Schweitzers, Dunants oder Nightingales. Die später eingefahrene „Ernte" ist eher der Stolz auf die großen sozialen Leistungen und damit die Ehre, die einem zuteil wird.

Viel Ehre durch uneigennütziges Geben

Ähnlich handelte aber auch ein ganz Großer: George Washington, der Gründer der Vereinigten Staaten von Amerika. Als Landvermesser sorgte er dafür, dass alle Farmer immer am Rande ihres Anwesens ein Flüsschen oder einen See hatten. So eliminierte er Streitigkeiten bereits im Voraus. Er galt als gerecht und weise. Der Lohn war groß.

Provisionen über alles!

Provisionen sind legitim …

Bei Verkäufern scheint dies alles anders zu sein. So lautet ihr Ruf: „Nichts geht ohne Provisionen!" Das ist zunächst auch richtig. Wir brauchen ja Geld, um uns die Dinge zu erstehen, die wir früher im Tauschgeschäft „Arbeit gegen Essen" bekommen hätten. Provisionen sind ein enormer Leistungsantrieb. Wir wollen unser Leben immer schöner gestalten, unseren Standard ständig verbessern. An der Höhe der gezahlten Provisionen orientiert sich schließlich auch unser firmeninterner Wert: im Wettbewerb vor den anderen liegen!

Provisionen wirklich über alles?

Nichts geht über einen gesunden Leistungsantrieb. Doch die ethisch-moralische Grenze ist dort gegeben, wo wir uns zum Nachteil anderer, zum Beispiel der Kunden, einen finanziellen Vorteil verschaffen. Meist kommt so etwas durch einen kurzfristigen, in nächster zeitlicher Nähe liegenden Anreiz zustande: „Den Auftrag hole ich mir, weil ...“ Es ist ja auch der ganz besondere Reiz des Verkaufens, es wieder einmal geschafft zu haben.

Doch wenn wir „verbrannte Erde“ hinterlassen, kann sich solch ein Fall langfristig als Schuss, der nach hinten losgeht, herausstellen. Heute sind wir erfolgreich, morgen stehen wir vor verschlossener Tür, der Kunde zeigt uns die kalte Schulter, weil er sich damals übervorteilt fühlte.

... aber niemals zum Nachteil anderer

Spitzenverkäufer besitzen Ehre!

Ein Tier denkt nur darüber nach, wie es *jetzt* satt werden kann. Tiere *mit Instinkt* denken darüber nach, wie sie gut über den Winter kommen. Ein Mensch, ein gesunder zumal, plant sein ganzes Leben. Ein Spitzenverkäufer ist wie ein Spitzenschachspieler: Er denkt sieben, zehn oder gar zwölf Züge voraus, bezieht alle alternativen Züge seines Gegners mit ein.

Spitzenverkäufer wissen schnelle Erfolge (Hatz-Erfolge) von klugen, planerischen zu unterscheiden. Sie planen, sie sehen auch beim Kunden die Langfristigkeit. So wie ein gescheiter Bauer: Er köpft nicht den heranwachsenden Keim, er erntet die reife Frucht. Das zahlt sich auf Dauer aus, auch wenn der Keimling besser/süßer schmeckt. Ein Spitzenverkäufer sieht seine Arbeit beim Kunden im langfristigen Zeitstrahl. Er entwickelt sein Geschäft mit der Entwicklung des Kunden, mit dessen Wachstum. Ruhig, sauber, sicher und konsequent. Er behält den Kunden im Auge, es entgeht ihm nichts. So kann er dann, wenn es um die „dicken“ Aufträge geht, punkten.

„Sie wollen ja nur verkaufen!"

Dies ist ein oft gedachter, jedoch selten ausgesprochener Kundeneinwand. Diesen Eindruck vermitteln wir mit Sicherheit auch, wenn wir mit zu viel Druck am einzelnen Auftrag interessiert sind, die langfristige Perspektive außer Acht lassen.

Stornogefahr bei zu hohem Abschlussdruck

Wenn der Abschlussdruck auf den Kunden zu groß wird, igelt dieser sich ein, lässt sich verleugnen. Kommt es doch zum Auftrag, ist die Stornogefahr groß. Und stornofreies Verkaufen ist eine Frage der Ehre: Ist der Ruf erst ruiniert, rabattiert es sich ganz ungeniert!

Im Kampf um die Aufträge werden oft die Messer gewetzt, man ruiniert sich im Wettbewerb gegenseitig mit Rabatten, getreu dem trügerischen Motto: „Wenn schon kein Gewinn zu machen ist, dann muss wenigstens der Umsatz stimmen!"

Ein Unternehmen, das dauerhaft keine Gewinne macht, kann nicht länger existieren. Gewinne sind der Sauerstoff des Unternehmens. Deswegen müssen unsere Preise „ehrenhaft" sein: mit Gewinn!

Zukunftssicherung: Verkaufen mit Gewinn

Ohne Gewinne kann kein Unternehmen investieren, keine Bank pumpt auf Dauer Geld in ein Verlustgeschäft, kein Unternehmer lässt sein Kapital verlumpen. Das Unternehmen vergreist. Es wird von besseren, von gewinnbringenderen Unternehmen überholt. Deswegen verkaufen Verkäufer mit Ehre immer mit Gewinn!

Im Kampf um die Aufträge begegnen uns natürlich immer wieder Kunden, die es mit uns gar nicht so gut meinen, Kunden, die uns gegen andere Verkäufer ausspielen, Kunden, die unfair sind. Sind das alle Kunden? Nein, sicher nicht. Gibt es eine Regel, wie viele Kunden das sind? Nein, auch nicht. Es sind wenige. Nur einzelne.

Aber eines ist gewiss: Manche Verkäufer provozieren geradezu das Negative im Kunden. Sie werden beschuldigt oder gar beleidigt. Jetzt ist angeraten, einmal darüber nachzudenken, ob man selbst daran schuld ist oder ob der Kunde so ein ungehobelter Grobian ist.

Ist man selbst der Aggressor, empfiehlt es sich, innezuhalten, mit sich selbst ins Gericht zu gehen, die ersten Absätze dieses Abschnitts nochmals zu lesen, zu verinnerlichen. Vielleicht kommt die Einsicht. Sicher wollen wir alle keine Engel sein – aber uns sehr gerne ganz in ihrer Nähe ansiedeln.

Wer ist der Aggressor: Kunde oder Verkäufer?

Was aber, wenn das Ekel der Kunde ist? Muss man sich alles gefallen lassen? Sicher nicht. Denn wer sich einmal überflüssigerweise duckt, muss sich immer wieder ducken, den Büßer spielen.

Wenn einem Unrechtes widerfährt, dann heißt es: Brust raus, sich der Sache stellen, heldenhaft. Felix Bruhn, der Starverkäufer einer Spedition, löst den Fall dann so:

Kunde: „Also, Herr Bruhn, Sie sind genau wie die anderen: verkaufen, viel versprechen und nichts halten. Wie Ihre ganze Firma, auf niemanden ist Verlass!"

Verkäufer: „Herr Groß, ich bin Ihnen dankbar, dass Sie mir reinen Wein einschenken. Können Sie mir einmal durch ein konkretes Beispiel helfen?"

Kunde: „Konkret? Alles geht bei Ihnen schief! Und auf Sie, auf Sie, mein liebster, mein allerliebster Herr Bruhn, ist sowieso kein Verlass!"

Verkäufer: „Herr Groß, das ist starker Tobak. Das geht mir unter die Haut. Kann es sein . . .?"

Kunde: „Papperlapapp, kann es sein! Nein, es ist so, auf niemanden ist heute mehr Verlass!"

Verkäufer: „Herr Groß, ich schätze Sie sehr, als Kunde ... und als Mensch. Können wir bei nächster Gelegenheit einmal dieses Thema vertiefen?"

Kunde: „Wieso, um noch mehr Schaden anzurichten?"

Verkäufer: „Gewiss nicht. Ich bin nur gewohnt, unter rechtschaffenen Menschen – und dazu zähle ich uns beide – ein Problem dort anzupacken, wo es entsteht, und es dann kraftvoll zu lösen!"

Kunde: „Und wie wollen Sie das anstellen?"

Verkäufer: „Lassen Sie uns, Herr Groß, einen Termin vereinbaren, bei dem wir beide unsere Größe zeigen können. Wann passt es Ihnen am besten ...?"

Kunde: „Einverstanden, aber nicht mehr diese Woche . . ."

Und schon ist der Weg zur Problemlösung eingeleitet. Man darf ein falsches, negatives Image einfach nicht auf sich sitzen lassen. Sonst spielt der Kunde mit uns. Sprechen wir Problemfelder einfach konstruktiv an, in dem Sinne: „Herr Kunde, ich muss etwas loswerden. Ich habe das Gefühl, als stehe zwischen uns eine Mauer!"

Spitzenverkäufer besitzen Ehre!

Kaum ein Kunde, der hier – schon aus der Unsicherheit heraus, dass da etwas im Busch sein könnte – nicht einlenkt.

„Super" macht die Harmonie

oder: Wieso der Super-Verkäufer kein Supermann sein muss

„Auf der Suche nach Spitzenleistungen" heißt einer der erfolgreichsten Bestseller der Management-Literatur der letzten Jahre. Tom Peters und Robert Waterman beschreiben und analysieren die Kräfte und Strukturen, die Unternehmen zu Spitzenleistungen führen. Sie gehen der Frage nach: Was unterscheidet „Super-Unternehmen" von Durchschnittsunternehmen? Und „super" tönt auch der begeisterte Ausruf, wenn jemand im Alltag etwas spitze findet. Spitzenleistungen lösen Begeisterung aus.

Spitze sein begeistert

Herausragen aus dem Durchschnitt. Über dem Normalen stehen, das entscheidende Plus erreichen, den Siegervorsprung vor den anderen – jeder strebt danach. Jeder ist stolz, wenn ihm das gelingt – im Sport, in handwerklicher Geschicklichkeit, in der Partnerschaft, aber natürlich auch und vor allem im Beruf.

Ehrgeiz düngt jeden Erfolg

Dieses Quäntchen an Ehrgeiz, dieses Streben, anderen eine Nasenlänge voraus zu sein – das steckt in jedem Menschen. Darauf bauen Karrierepläne ebenso wie Verkaufswettbewerbe.

Grundsätzlich sind alle gleich: gleiche Rechte, gleiche Pflichten, gleiche oder vergleichbare Aufgaben und Anforderungen. Aber überall sind dann doch immer wieder ein paar etwas gleicher als die anderen: Mit mehr Freude, mit mehr Power, mit mehr Talent oder Geschick, mit mehr Bereitschaft zum Lernen und Verbessern, mit mehr Einsatz, mit mehr Konsequenz erreichen sie mehr als die anderen. Sie werden dann je nach Mentalität der Betrachter beneidet oder bewundert – häufig auch beides zusammen. „Super! – Wie macht er/sie das nur?“ Diese Frage taucht rundum auf, einmal offen und hörbar, einmal versteckt oder nur in Gedanken.

Überlegenheit kennen, Überlegenheit nutzen

„Der hat eben Glück gehabt!“, kommentieren die einen. „Wie der Zufall so spielt“, zucken andere ihre Schultern. Oder aber auch: „Deren Talent müsste man haben und so verführerisch hübsch müsste man sein.“ Die Ursache für den Super-Erfolg suchen diese Beobachter in unbeeinflussbaren Ursachen. Das erlaubt es ihnen, sich selbst nicht der Frage zu stellen: „Wieso er? Wieso sie? Wieso denn nicht ich auch?“

Die Quelle in uns

Super zu sein entspringt sicher vielfältigen Quellen, sehr verschiedenen Wesens- und Charaktereigenschaften eines Menschen. Exzellente Unternehmen erringen ihren Wettbewerbsvorsprung nicht aus einem einzigen klar identifizierbaren Faktor. Der wäre dann ja zu einfach auf breiter Front durch die Wettbewerber zu imitieren.

Wer allerdings nur staunend und fassungslos die Super-Leistungen anderer bewundert, dem wird es nie gelingen, sich selbst auf die Super-Bahn zu begeben. Wer die Quelle für Super-Leistungen nur im Wesen der anderen sucht oder im unwägbaren und unbeeinflussbaren Schicksal, der wird die wahre Quelle der Begeisterung niemals entdecken. Diese Quelle liegt in jedem selbst. Diese Quelle liegt innen und nicht außen. Jeder hat die Kraft, das Talent zur Begeisterung in sich. Jeder ist gefordert, sein Potenzial zu entdecken, es auszubauen und zu nutzen.

Begeisterung aus festem Willen geboren

Helfen Sie sich am besten sofort, indem Sie die folgenden zehn Fragen selbstkritisch beantworten und gleich Ihre Aktivitätenliste für eine höhere Begeisterungsfähigkeit erstellen:

1. Was macht mich attraktiv?

____

2. Wo bin ich anderen überlegen?

____

3. Was liegt mir besonders?

____

4. Wie kann ich meine Fähigkeiten besser verwerten?

____

5. Was macht mich einmalig, unverwechselbar?

____

6. Warum sind gerade meine Talente besonders wertvoll?

____

7. Wie kann ich meine Talente weiterentwickeln? Wer hilft mir dabei?

____

8. Wen kann ich mit meinen Fähigkeiten begeistern?

____

9. Wie steigere ich meine Selbstzufriedenheit, meine Lebensfreude?

____

10. Wie verhelfe ich anderen zu mehr Lebensglück?

____

Jeder wuchere mit seinen Stärken!

Eine der zahllosen Geschichten tiefsinniger Weisheit aus dem Zen-Buddhismus macht deutlich, wie simpel und einfach die Quellen für Super-Erfolge immer wieder sein können:

Ein Samurai in Japan ärgerte sich über eine große Ratte in seinem Haus. Er verfolgte sie mit seinem Schwert. Dabei zerschlug er handbemalte Seidentapeten und wertvolle Vasen, konnte aber die Ratte nicht treffen. Darauf zog der Samurai aus, kaufte sich von einem Züchter die schnellste Katze im ganzen Land und schickte sie in sein Haus. Aber die Katze konnte die große Ratte nicht fangen. Immer wieder entkam die Ratte durch verwinkelte Schlitze und durch Öffnungen in den Wänden oder sie verkroch sich in versteckte Erdlöcher – ja, sie griff sogar die Katze an. Erneut zog der Samurai aus und kaufte diesmal aus einer anderen Züchtung die leiseste Katze im Land und er schickte auch sie in sein Haus. Diese Katze konnte so leise anschleichen, dass nicht einmal in atemloser Stille ein Hauch ihrer Pfoten zu hören war. Doch auch diese Katze konnte die Ratte nicht fangen. Immer, wenn sie die Ratten erspäht hatte, überlegte sie zu lange, wie und wie weit sie nun springen müsste. Und die Ratte konnte jedes Mal wieder das Weite suchen – ja, sie griff auch diese Katze an. Erneut zog der Samurai aus, eine Katze zu erwerben, die ihn von der Ratte erlösen könnte. Da pries ihm ein Straßenhändler eine ganz gewöhnliche Hauskatze an. „Noch nie hatte ich Ärger mit einer Ratte in meinem Haus“, rühmte er das Tier, an dem ganz und gar nichts Besonderes zu erkennen war. Der Samurai nahm die Katze und schickte auch diese in sein Haus. Es dauerte nur wenige Stunden, dann machte es „Quiek“ und die Katze verspeiste die große Ratte.

Daraufhin fragten die beiden außergewöhnlichen Katzen die ganz normale Hauskatze, wie ihr denn der Erfolg gelungen wäre: „Was kannst du so besonders, dass du so erfolgreich warst?“ Doch die Hauskatze verstand zuerst die Frage gar nicht. Sie hatte noch nie weiter nachgedacht, wenn sie Mäuse oder Ratten fing. Nach langem Hin und Her unter den Katzen beschrieb die Hauskatze ihr Erfolgsrezept so: „Ich

habe eigentlich in jeder Beziehung nur durchschnittliche Eigenschaften. Aber beim Erjagen meiner täglichen Nahrung habe ich gelernt, meine Fähigkeiten ausgewogen, in Harmonie miteinander zu kombinieren. Mag sein, dass das die Ursache für meinen Erfolg ist.“
Die drei Katzen lebten von da an in Freundschaft im Haus des Samurai. Eines Tages lernten sie die Katze des Nachbarn kennen, ebenfalls eine ganz und gar gewöhnliche Hauskatze. Sofort wollten die beiden Edelkatzen nun auch von dieser wissen: „Was machst du gegen große Ratten in eurem Haus?“
Die Katze des Nachbarn schaute sie verwundert an und überlegte: „Ich habe darüber noch nie nachgedacht. Da, wo ich bin, gibt es keine Ratten.“

Talente sind zum Wuchern gegeben

Welche Schlussfolgerung ergibt sich daraus für den Verkäufer? Wer das Gute will, zieht das Schlechte nicht an.

Der Super-Verkäufer ist also nicht Superman aus dem Comic-Märchen. Für Super-Erfolge bedarf es durchaus keiner übernatürlichen Eigenschaften. Super-Erfolge hängen von der Ausstrahlung ab: Wer an sich glaubt, der ist Sieger! Und Sieger ziehen andere magisch an. Kunden kaufen gern bei Siegern. „Customers buy always from winners!“ Das zeigen Exzellenz-Regeln, die sich im Verkauf zwischen Kalifornien und New York millionenfach bewiesen haben.

Bedachtes Probieren geht über ewiges Studieren

Wer sich in Problemen, in Zweifeln, in tiefgründigen Überlegungen und Diskussionen verliert, der hat die Straße der Sieger schon verlassen.

Kunden kaufen gern bei Siegern

Grübelnde Philosophen stehen nicht auf dem Siegerpodest. Philosophen fragen nach dem Warum und nach dem Sein der Dinge und des Geschehens. Philosophen geben Richtungen vor, mahnen und korrigieren das Tun. Kritische Denker sind wertvoll. Denken bereitet und ebnet viele Wege. Vordenken ist dabei meist fruchtbarer als Nachdenken. Planen ist besser als die Suche nach Schuldigen. Dennoch stehen die Denker, die Planer, die Strategen, die Wegbereiter selten vor jubelndem Publikum auf dem Siegerpodest.

Vordenken statt Nachdenken

Siegertypen aber sind die „Macher". Tun bewirkt und erreicht mehr als Denken. Erfolge werden zunächst an greifbaren, an sicht- und messbaren Ergebnissen gemessen – ohne dass dies nun heißen darf: „Handeln ohne zu überlegen", im Verkauf also zum Beispiel: „Umsatz um jeden Preis". Das hat schon viele Unternehmen trotz zweistelliger Expansionsraten in den Ruin geführt.

Erfolg wächst aus Harmonie

Vorsprung durch Ausgewogenheit

Erst mit der Harmonie kommt der wirkliche Erfolg. „Keiner weiß, wo es langgehen soll, aber wir stürmen alle mit vollem Einsatz los." Das ist sicher das falsche Rezept. „Jeder weiß, was erreicht werden soll, aber keiner unternimmt etwas dafür." Das ist das andere Extrem. Umsatz mit maximiertem Deckungsbeitrag, rentabler Umsatz mit zufriedenen Stammkunden, stabiler Umsatz zu guten Preisen dank exzellenter Beziehungen zu begeisterten Kunden – das sind die Spitzenleistungen, durch die Topunternehmen ihren Vorsprung am Markt erreicht haben. Das sind die Super-Ergebnisse, die Spitzenverkäufer auszeichnen.

Talente kombinieren zum Nutzen der Kunden

Der Super-Verkäufer ist nicht unbedingt in seinen einzelnen Fähigkeiten und Talenten besser als seine Kollegen. Er versteht es aber, seine Talente optimal und in jeder Situation passend zu kombinieren. Er kennt sich und seine Fähigkeiten und weiß damit ausgewogen umzugehen, in erster Linie zum Nutzen seiner Kunden. Den Kunden aber nutzt er erst, wenn das Unternehmen hinter ihm sicher und vertrauenswürdig ist, wenn auch er selbst in seiner Existenz, in seiner Lebensfreude finanziell verlässlich und tragfähig abgesichert ist. Das alles setzt gute Preise voraus. Das verstehen Kunden. Das akzeptieren Kunden, wenn sie „hinter dem Preis“ die adäquate Leistung finden, Zufriedenheit und sogar Begeisterung für den Lieferanten entwickeln können.

Spitzenleistungen zu bringen heißt, sich anzustrengen, sich mehr anzustrengen als andere. Zur Elite vorzurücken heißt aber auch, mehr zu trainieren, härter zu trainieren. Und ganz vorne mitzumischen heißt auch, sich mit anderen zu vergleichen, sich zu fragen, warum die anderen hie und da doch besser sind.

Zur Vorbereitung meiner Trainingsaufgaben begegne ich immer wieder sehr guten Verkäufern. Logisch, dass ich wissen will, worauf sie ihre Erfolge gründen. Jüngst sprach ich mit einem absoluten Topverkäufer der Baubranche. Auf seine besondere Methode angesprochen, antwortete dieser: „Herr Detroy, ich bin nur Zweitbester, also mache ich etwas falsch. Und das treibt mich an, ich will wissen, was der Beste anders macht, denn nächstes Jahr will ich vorne sein!“

Das ist aktives Benchmarking: Die eigenen Leistungen kennen, sich mit anderen vergleichen, im sportlichen Wettbewerb stehen und dabei immer wieder nach Erkenntnissen suchen, um die eigenen Erfolge zu steigern.

Gelegentlich kann dies in Maloche ausarten, kann viel Zeit und Schweiß kosten, kann sogar auslaugen. Und da muss man aufpassen. Natürlich kann jedermann/-frau einmal für einige Zeit täglich zwölf Stunden arbeiten, aber dann muss auch eine Ruhe- und Besinnungspause eingelegt werden. Ein Rennmotor kann sicher zwei Stunden mit 15.000 Umdrehungen die Minute durchhalten, aber ein ganzes Leben nicht – auch er braucht die niedrigeren Drehzahlen, die „Ruhephasen“, um sich regenerieren zu können.

Das Leben besteht grundsätzlich immer aus Gegensätzen:

- Sonne und Regen
- Winter und Sommer
- Sieg und Niederlage
- Licht und Schatten
- Liebe und Hass
- Mann und Frau
- Jugend und Alter
- Gewinn und Verlust

Nur wer es versteht, diese Unterschiedlichkeiten in Harmonie zu bringen, bleibt auf der Siegerstraße. Dauerhaft.

Allen von uns ist das Zeichen von Yin und Yang bekannt. Ein chinesischer Kaiser entwickelte es vor rund 3.500 Jahren.

Dieses Zeichen will uns sagen:

- Die Welt besteht aus Gegensätzen.
- Sage Ja dazu.
- Bringe sie in Harmonie.

Was nur wenigen bekannt ist: Welche Bedeutung haben die Punkte, der weiße im schwarzen und der schwarze im weißen Feld? Vermitteln wollen sie uns die Erkenntnisse:

- In jedem Guten steckt etwas Böses.
- In jedem Bösen steckt etwas Gutes.

Also versuche in schlimmen Situationen, etwas Gutes daraus abzuleiten, und sei vorsichtig, wenn dir etwas allzu gut erscheint.

- Bei einem Unglück: „Was habe ich daraus gelernt?“
- Bei einem Lottogewinn: „Wer wird jetzt zum heuchlerischen Schmarotzer?“

Bringe Harmonie in deine Aktivitäten, gerade dann, wenn du bereit bist, hart zu arbeiten. Die Harmonie zwischen Arbeit und Muße ist unabdingbarer Faktor, um nicht bald völlig ausgebrannt zu sein. Wer enorme berufliche Leistungen bringt, braucht seinen freizeitlichen Ausgleich. Dabei gilt als Grundregel:

- Wer beruflich viel geistig (gerade der Vollblut-Verkäufer, denn er ist ständig hellwach) arbeitet, braucht körperlichen Ausgleich!
- Wer beruflich körperlich gefragt ist, tut gut daran, in der Freizeit etwas für seinen Geist zu tun.

Zwölf Stärken für den Super-Seller

Der Super-Verkäufer kombiniert in sich vor allem zwölf Grundfähigkeiten

1. Er ist flexibel. Er kann sich auf wechselnde Situationen einstellen.
2. Er ist kreativ. Er entwickelt Ideen aus den Anforderungen der Situation heraus, hängt nicht an organisatorischen Vorgaben.
3. Er ist partnerorientiert. Er kann sich in die Wünsche, Probleme und Erwartungen seiner Kunden hineindenken, diese individuell erfassen und beantworten.
4. Er ist schnell. Er besucht seine Kunden, ehe der Wettbewerber sein neues Sortiment vorlegt. Er erkennt kommende Trends früher als andere. Er hat als Erster die Rezepte gegen „Brüche“ am Markt und gegen „Einbrüche“ bei seinen Kunden.
5. Er ist konsequent und gerecht. Er versucht nicht, Kunden gegeneinander auszuspielen, sie zu übervorteilen und ihnen nach dem Mund zu reden.
6. Er ist selbstbewusst. Er weiß, was er kann. Er kennt seine Schwächen und weiß damit umzugehen. Er glaubt an sich, an sein Produkt und an sein Unternehmen.
7. Er ist höflich und eloquent. Höflichkeit wertet den Kunden auf. Erfolg stellt sich ein, wenn Kunden als wertvoll gesehen werden.
8. Er ist begeistert und er ist begeisternd. Er geht mir Freude an seinen Beruf. Das strahlt auch auf die Kunden ab. Er gewinnt Sympathie durch seine Begeisterung.
9. Er ist ehrgeizig. Erfolge stellen sich erst ein, wenn die Messlatte höher und höher gelegt wird. Die innere Motivation produziert stetig neue Kräfte für den Erfolg, der zum Aufstieg führt. Kunden wollen diesen „Biss“ spüren.
10. Er erkennt Prioritäten, kann sie bei Bedarf setzen und so auch chaotische Situationen meistern.

11. Er kann ausgleichen. Kunden- und Lieferanteninteressen sind von ihrer Natur aus konträr. Der Verkäufer steht stets an der Naht- und Reibungsstelle. Er ist „Organ" des Lieferanten, kann sich also nicht zu sehr mit den Kunden identifizieren. Er ist aber auch „Ohr" seines Unternehmens und Sprachrohr der Kundeninteressen in seinem Unternehmen.
12. Er ist optimistisch. Kunden haben genug Probleme. Sie bedürfen des Klagelieds des Verkäufers nicht. Kunden möchten begeistert werden. Es freut den Kunden, von Chancen zu erfahren, statt Klagen über Krisen zu hören.

Nur der Begeisterte begeistert

oder: Wie Begeisterung entsteht und durch Faszination getoppt wird

Dieses Buch ist das Ergebnis aus mehr als 35 Jahren Erfahrung im aktiven Verkauf, als Verkaufs- und Managementtrainer sowie als Marketingberater. Das besondere Interesse galt dabei immer der Frage: Was steckt als Quelle hinter besonderen Erfolgen? Dieser Frage immer wieder bis ins Detail nachzuspüren, das entwickelte sich im Laufe der Jahre geradezu zum Hobby.

Welche Quellen schaffen Begeisterung?

- Warum sind Starverkäufer so herausragend in ihren Ergebnissen?
- Woher stammen die Super-Verkaufserfolge des einen Unternehmens, während alle anderen über Krisen klagen?
- Warum entwickelt sich ein Produkt zum Bestseller, während andere als Flop scheitern?

Natürlich gibt es Rahmenbedingungen – wie das Verkaufsgebiet, die Konkurrenz-Aktivitäten oder der eigene Marketing-Mix –, die Verkaufserfolge beschleunigen oder behindern. Doch für den Verkäufer selbst sind es nur drei Faktoren, die seinen Erfolg bringen oder nicht bringen:

13. Fleiß/Einsatz/Persönlichkeit
14. System/Organisation
15. Verkaufstechnik

Zur systematischen Marktbearbeitung und zur perfekten Verkaufstechnik gibt es andere Bücher. Im Literaturverzeichnis finden Sie eine Auswahl der besten dazu.

In diesem Buch geht es hauptsächlich um die inneren Werte, um die menschlichen Komponenten im Verkaufsprozess. Und dazu zählt die Begeisterungsfähigkeit des Verkäufers.

„Also sprach Zarathustra", ist der Titel des legendären dreibändigen Werkes von Friedrich Nietzsche. Darin beschreibt Nietzsche seine Weltanschauung. Eigentlich wollte er ein Gegenbuch zur Bibel herausgeben, den „Nietzsche". Das war ihm zu wenig. Er suchte nach einem griffigeren Titel. Ein Licht ging ihm auf, als ein Philosophenfreund ihm den persischen Religionsgründer Zarathustra beschrieb:

„Die Tür ging auf, er schritt herein, diese Würde, diese Aufrichtigkeit, diese Haltung. Dieser Mann musste Recht haben!"

Jetzt wusste Nietzsche Bescheid. Weiß Ihr Kunde auch Bescheid? Gleich wenn Sie zur Tür hereinschreiten? Dann, wenn er Ihre Haltung, Ihre Würde und Ihre Aufrichtigkeit sofort spürt?

Unsere Ausstrahlung bestimmt unsere Anziehung

Unsere Samurai-Geschichte im vorigen Abschnitt endet ja damit, dass die letzte Katze keinen Ratten begegnet. Manche Menschen ziehen das Unheil magisch an, andere werden vom Glück verfolgt. Ist das Zufall? Oder ist *Zufall* das, was einem *zufällt,* was längst *fällig* ist?

Unsere Ausstrahlung bestimmt dominant über unsere Erfolge mit. Es gibt einfach Menschen, mit denen wir nichts zu tun haben wollen, und andere, die wir gern als unsere Freunde bezeichnen.

In unserer Nachbarschaft gibt es einen Mann – Teppichleger von Beruf –, der fortwährend fröhlich ist, immer einen netten Spruch auf den Lippen hat, der seinen Mitmenschen hilft, die Welt im rosaroten Licht zu sehen. Er kann sich der Einladungen zu Partys kaum erwehren, alle wollen sich durch seine Gesellschaft bereichern.

Was tun Sie, um Ihre Ausstrahlung zu bereichern? Pflegen Sie Ihre Persönlichkeit?

Generell hat unsere Persönlichkeit zwei Seiten: die äußere und die innere. Die *äußere Persönlichkeit* gewinnt oder verliert durch Äußerlichkeiten, habituelle Merkmale wie Gepflegtheit der Kleidung, des Fahrzeuges und der Verkaufsunterlagen sowie durch unsere Etikette oder guten Manieren.

Um auf das viel strapazierte Thema Auto zu kommen – scherzhaft könnte man sagen: „Autorität kommt von Auto." Natürlich sollte unser Auto das Niveau dessen repräsentieren, was wir verkaufen. Noch wichtiger aber ist dessen Gepflegtheit und die Art, wie wir damit umgehen, vor allem wenn wir den Kunden einmal mit dabeihaben. Ein ruppiger und aggressiver Fahrstil kommt genauso schlecht an wie ein überhebliches Einparken auf dem Behinderten-Parkplatz.

Die Kleidung muss – egal ob wir an Handwerker oder Finanzchefs verkaufen – gepflegt sein, unserem Gegenüber gefallen, keinesfalls übertrieben (overdressed) sein. Genauso die Verkaufsunterlagen, unser Notebook, unser Katalog oder unsere Produktmuster: Mit unansehnlichen Unterlagen macht man keine ansehnlichen Geschäfte!

Und ins Fettnäpfchen treten bedeutet, die innere Distanz zum Kunden vergrößert zu haben. Menschen, die sich über andere lustig machen, die die Benimmregeln nicht beherrschen, isolieren sich von selbst. Ist es ein Wunder, dass irgendein Etikettebuch immer in dem Bestsellerlisten vertreten ist?

Äußerlichkeiten können den Kunden begeistern. Ein Geschenk bekommt man ja auch lieber in geschmackvoller Verpackung und ein Blumenstrauß gefällt, wenn er kreativ gebunden ist.

Die *innere Persönlichkeit* ist im Wesentlichen auf *Wesensmerkmale* zurückzuführen. Und neben ganz wichtigen Elementen wie Aufrichtigkeit, Fleiß oder Fairness ist eine ganz *wesen*tliche Eigenschaft unsere Be-*geist*-erungsfähigkeit.

Das Wort „Begeisterung" sagt alles: Begeisterung ist der „Geist", in dem wir etwas tun, der Geist, in dem wir Kinder erziehen, in dem wir mit Freunden umgehen oder in dem wir verkaufen.

Haben wir Spaß am Verkaufen, am Kunden, an unseren Produkten, an unserer Firma? Oder machen wir es eben, weil es sich so ergeben hat?

Begeisterung ist also in hohem Maße eine Einstellungsfrage. Eine Einstellung gewinnt man durch Erziehung, Umwelteinflüsse (Freunde, Medien) oder durch die eigene geistige Auseinandersetzung mit einer Sache. So kann Verkaufen zur schönsten Sache der Welt werden.

Begeisterung kommt nicht zugeflogen. Begeisterung entsteht durch Beschäftigung. Dabei ist das Wohlwollen für die Sache, also das Verkaufen, unabdingbar.

Eine Mutter hat in der Regel eine höhere Begeisterung für ihr Neugeborenes als der Vater. Sie hat sich neun Monate aktiv damit beschäftigt, sich darauf gefreut, mit dem Ungeborenen (zumindest im Geiste) gesprochen, es körperlich gespürt.

Die Begeisterung, ja Faszination des Vaters kommt meist etwas später – dann, wenn er sich mit seinem Nachwuchs beschäftigt, wenn er das Baby wickelt, wenn es Papa sagen kann oder gar von ihm Huckepack getragen wird.

Dasselbe gilt für das Verkaufen: Nur wer sich aktiv mit seinem Beruf, seinen Produkten und seinen Kunden beschäftigt, kann sich dafür begeistern. Das hat auch eine detaillierte Studie an der European Business School (ESB) in Reutlingen über die Persönlichkeitsstrukturen von Spitzenverkäufern (siehe auch die Literaturempfehlungen auf Seite 235) bestätigt: Diese zeichnen sich demnach durch ihre Fähigkeit aus, ihr Umfeld und ihre Geschäftspartner – vor allem ihre Kunden – in besonderem Maße zu begeistern und zu überzeugen. Dies ist auf ein hohes Maß an Eigenmotivation und an Freude am Verkäuferberuf zurückzuführen. Das wiederum begründet die eigene Begeisterungsfähigkeit und Fähigkeit, diese Begeisterung auf Kunden zu übertragen. In der hohen Eigenmotivation liegt aber nur ein Schlüssel zur Unterscheidung zwischen Verkäufern, guten Verkäufern und Spitzenverkäufern, denn auch

- Selbstdisziplin vor allem hinsichtlich Zeitmanagement und Eigenorganisation,
- eine starke Identifikation mit dem Beruf des Verkäufers, mit dem eigenen Unternehmen und dessen Produkten,

- ein nachhaltiger Optimismus,
- Einfühlungsvermögen und
- Durchsetzungswille

sind die Grundeinstellungen, die bei Spitzenverkäufern besonders stark ausgeprägt sind.

Begeisterung ist der Geist, in dem wir leben!

Über den Super-Weg erreicht jeder seine Spitzenleistung

Neu nachdenken, neue Schwerpunkte

Beim Lesen dieses Buches werden Sie Neugier spüren für die Ideen, die hinter den Sätzen stehen. Das Buch stellt nicht den Anspruch, die Verkaufswelt mit der ganz großen, absolut „neuen Wunderentdeckung" zu revolutionieren. Das Buch soll Ihnen Anstöße geben, Sie zum neuen Nachdenken anregen, Sie wieder und wieder prüfen lassen: Nutzen Sie Ihre Talente und Fähigkeiten in optimaler Ausgewogenheit? Wo lässt sich einmal hier, einmal dort wieder ein neuer Schwerpunkt auf dem Weg zur „Exzellenz" setzen?

Die Inhalte dieses Buches sind das Ergebnis der Beobachtungen von Super-Sellern – begeisternden Verkäuferpersönlichkeiten, begeisternden Unternehmenserfolgen, begeisternden Produkterfolgen.

Dabei spreche ich nicht ständig von „Super-Faktoren", von „Super-Voraussetzungen", von „Super-Rezepten", von „Super-Leistungen".

Die Hinweise und Anregungen mögen Abschnitt für Abschnitt teils durchaus selbstverständlich oder sogar auch alltäglich klingen. Doch es kommt aufs Tun an. Wissen und Zustimmen allein genügen nicht. Die Umsetzung erst bringt den Erfolg.

Auch für „alte Hasen" neuer Glanz

Wer aber kann von sich behaupten, im alltäglichen Verkaufen all das bereits umgesetzt zu haben, was er als richtig erkannt, was er einmal erfahren oder sogar gelernt hat? Meine Beobachtungen haben mir immer wieder gezeigt: Gerade unter den „alten Hasen" im Verkauf haben jene stets die Nase vorne, die immer und immer wieder bereit sind, sich selbstkritisch zu beobachten. Natürlich kennen fast alle diese Rezepte, die zum Erfolg führen. Aber ihnen ist auch klar: Immer wieder lässt sich dies oder jenes neu ins Bewusstsein holen, einmal wieder aufpolieren, neu gewichten, ergänzen, unter neuem Aspekt ein wenig anders anwenden.

Begeisterung begeistert und wer begeistert ist, ist Sieger

Super-Erfolge hängen mit der konstruktiven Selbstkritik zusammen, die mit gesundem Selbstbewusstsein, mit gesunder Überzeugung vom Produkt und vom Unternehmen erst möglich wird. Erst Begeisterung nährt die stützende Kraft fürs eigene Ich, für den Beruf, für Produkt und Unternehmen, vor allem auch für die Kunden.

Stützkräfte für das eigene Ich

Wer Kunden begeistern will, muss zuerst selbst begeistert sein. Nie hätte Boris Becker seine stolzen Erfolge erringen können, wäre da nicht diese alles überstrahlende innere Begeisterung fürs Tennisspiel gewesen. Nie wäre Michael Schuhmacher zum erfolgreichsten Formel 1-Piloten geworden, hätte er sich nicht voller Begeisterung für den Rennsport in hundertfache Gefahr begeben. Nie hätte Franz Beckenbauer seine Welterfolge erzielen können, wäre nicht jeder Tropfen seines Blutes, jede Zelle seines Bewusstseins erfüllt gewesen von dieser Begeisterung fürs Fußballspiel, fürs Zaubern mit dem Ball, für die eigene Harmonie in den Bewegungen und auch für die Harmonie des Zusammenspiels im Team – kurzum, die Begeisterung, in jedem Element besser zu sein als der Gegner.

Zehn Kennmarken für Begeisterungserfolge

Die Ergebnisse langjähriger Analysen zeigen immer wieder zehn Merkmale, die sich in wechselnder Ausprägung hinter den Erfolgen ausmachen lassen.

1. Mehr Energie, mehr Zeit, mehr Liebe als die anderen einsetzen.
2. Mehr Lust am Arbeiten, mehr Ehrgeiz, beim und für das Verkaufen.
3. Mehr Begeisterung an den Produkten und für den Nutzen im Dienst der Kunden.
4. Höhere Identifikation mit dem Unternehmen, größere Überzeugung, im besseren Unternehmen zu arbeiten.
5. Höhere Freiheit zu konstruktiver Kritik – Kritik, die nach vorne weist und sich nicht an der Suche nach Ursachen oder Schuldigen festklammert.
6. Weniger „Regeln“ zum situationsindividuellen Reagieren, mehr Verantwortung und Kompetenz für den Einzelnen.
7. Stärkere Selbstdisziplin, größere Konsequenz, höheres Durchhaltevermögen, stärkere Eigenüberzeugung als andere.
8. Schnelles Aufarbeiten und emotionales Überwinden von Misserfolgen als andere, Blick nach vorne auf neue Chancen statt zurück.
9. Höhere Lernbereitschaft, mehr Offenheit gegenüber Neuem, weniger Beharrung, sondern ständig auf der Suche nach Besserem.
10. Schnelles Erkennen von Chancen, von Trends, von Entwicklungen, Pioniergeist statt Reaktion, Innovation, mehr Mut zu (kalkulierbarem) Risiko.

Immer zuerst sich selbst verkaufen

oder: Der Leuchtturm unter den grauen Mäusen sein

Hinter zwei entschiedenen Grundsatzfragen verbirgt sich also der Schlüssel der Tür zum Super-Erfolg im Verkauf. Die erste Frage lautet: Wie lässt sich im Kunden die Freude auf den Besuch wecken?

Die zweite Frage lautet: Wie lässt sich im Verkäufer die Freude wecken – die Freude am Beruf, am Produkt, am Gespräch mit diesem Kunden, den er jetzt gerade besucht?

Stufe für Stufe, Baustein für Baustein begründen – ineinander verwoben – die Selbstkompetenz, die soziale Kompetenz und last but not least auch die fachliche Kompetenz den Weg zum erfolgreichen Verkaufen:

- Selbstmotivation abends und morgens und in jeder Minute des Arbeitstages
- Fachliche und persönliche Vorbereitung auf jeden Kunden
- Überwindung innerer Kontaktsperren
- Kompetenz für den persönlichen Auftritt

Begeisterung bringt Erfolg auf Dauer

Der Verkäufer, der begehrte Partner

Das sind die Bahnen, die Verkäufer zu begehrten Partnern der Kunden machen. Begeisterung heißt heute „Verkauf auf Dauer". Drückermethoden, Hochdruckverkauf, rhetorisch ausgefeilte Kundenbeeinflussung, Abschlusstechniken, die nur auf die Unterschrift unter dem Auftrag zielen – das sind kurzfristige „Power-Instrumente".

Kunden wandeln sich zu Fans

Erfolgsunternehmen, exzellente Unternehmen aber orientieren sich stets am langfristigen Erfolg. Begeisterung heißt daher Beziehungsmanagement: Begeisterte Kunden werden zu „Fans" ihres Lieferanten. Zwischen Kunde und Lieferant entsteht ein Netzwerk, das auch Krisen überdauert, sowohl Marktumbrüche als auch kommunikative Missverständnisse oder Meinungsverschiedenheiten in der Zusammenarbeit.

Die Grundregeln fürs begeisternde Verkaufen lauten:

1. Was du ausstrahlst, das ziehst du an.
2. Erfolg und Glaube an den Erfolg stecken an.
3. Wer selbst begeistert ist, der bringt auch dem Kunden Begeisterung ins Haus.
4. Der Positive hat die Sympathie der anderen.
5. Wer sich selbst mag, den mag die Welt.

Die Frage also lautet: Wie wandelt sich das Verkaufsgespräch zum Kaufgespräch, das der Kunde neugierig und ungeduldig erwartet? Begeisterung basiert nicht auf abermals neuen Regeln fürs Argumentieren oder auf Rezepten gegen Kundeneinwände. Begeisterung basiert auf dem Verkauf an begeistere Kunden. Begeisterung setzt im Verkäufer neue Überzeugung, Freude am Beruf und Kreativität im Beruf voraus, Begeisterung für die Leistung im Dienst an seinen Kunden. Begeisterung baut also auf innere Motivationskräfte im Verkäufer, nicht auf rhetorische Kräfte. Begeisterung bringt Super-Erfolge.

Ehrlichkeit und Natürlichkeit statt neuer Techniken

Alte Verkaufsmethoden bitte ablegen!

„Mit Begeisterung verkaufen" ist also keine neue Technik, sondern eine neue Ehrlichkeit. Diese lässt sich nicht trainieren, sondern wächst aus innerer Einsicht, aus innerer Wende, aus innerem Aufbruch. Begeisterung führt den Verkäufer zu seiner inneren Balance zurück.

Begeisterung löst die seelisch zermürbenden Widersprüche auf, in die Verkäufer geraten, wenn sie mit immer neuem Methodentraining zum Handeln gegen ihre persönlichen Eigenarten gezwungen werden. „Mit Begeisterung verkaufen“ ist die „neue“ Verkaufsphilosophie der Ehrlichkeit.

Ehrlichkeit, Aufrichtigkeit, Offenheit sind Wesenszüge des Menschen, Wesenszüge im Umgang zuerst mit sich selbst, dann aber ebenso im Umgang mit anderen. Wer sich selbst mag, der kann sich selbst vom ersten Morgenblinzeln an im Spiegel ehrlich und offen ins Gesicht sehen. Ebenso wird er anderen in die Augen blicken. Das überzeugt!

Auf Vertrauen baut der Super-Erfolg

Strahlender Blick in den Augen

Und auf Überzeugung basiert Begeisterung: Innere Überzeugung heitert die Stimmung auf. Eine frohe Miene steckt andere an, strahlt Selbstbewusstsein aus. Kunden öffnen sich dem fachlich und sozial kompetenten Verkäufer – erst im Gespräch, dann auch in den Geschäftsbeziehungen.

Begeisterung birgt Selbstläuferkräfte in sich

Kunden werden von kompetenten Lieferanten mit Ware und Service zufriedengestellt. So entsteht Vertrauen. Der Kunde ist froh, sich auf seinen Lieferanten, auf seinen Verkäufer verlassen zu können. Der Kunde wird zum „Fan“: Er spricht begeistert über seinen Lieferanten und empfiehlt ihn weiter. „Mit Begeisterung verkaufen“ trägt in sich die Tendenz zum Perpetuum mobile und ist zum Selbstläufer prädestiniert.

Diese Begeisterung unter zufriedenen Kunden entsteht nicht von allein, sie entsteht nicht von heute auf morgen. Sie ist ein langer Prozess, ein anstrengender Prozess. Sie beginnt mit dem Selbstwandel und führt dann zum Wandel im Dienst und im Leistungsdenken.

Nur gemeinsam sind alle stark

„Mit Begeisterung verkaufen" gelingt nur, wenn der Einzelne und das gesamte Unternehmen zusammenwirken. „Mit Begeisterung verkaufen" verträgt nicht den Zwist und die Reibereien zwischen Außendienst und Verwaltung, zwischen Verkauf und Produktion, zwischen Marketing und Vertrieb.

Organisatorische Veränderungen und persönliche Veränderungen gehen auf dem Weg zur Begeisterung Hand in Hand. Berater- und Trainerhilfe dient dazu, die beiden Prozesse parallel zu initiieren, zu unterstützen und sie im Gleichschritt zu halten. Dadurch wird Frustration vermieden.

Positivsicht darf nicht zur Maske werden

Begeistern ohne Tricks und Täuschung

Für „Mit Begeisterung verkaufen" gilt: Kunden lassen sich (auf Dauer) nicht täuschen. Der Verkäufer, der seine positive Einstellung, seine Vertrauenswürdigkeit, seine kundenorientierte Denkweise nur „spielt", sie sich nur als Maske unter dem Torbogen des Kunden überstreift, wird sich bald verraten. Ebenso wird es dem Verkäufer ergehen, der hinter sich ein Unternehmen hat, das Kundenvertrauen nicht rechtfertigt, dessen Produkte und Serviceleistungen die Kunden nicht zufriedenstellen.

Begeisterung ist kein Rollenspiel

Lügen im Marketing, falsche Verkäufer im Verkauf, vorgetäuschte Servicequalitäten – sie alle haben kurze Beine. Dann aber gilt: Wer einmal lügt, dem glaubt der Kunde nimmermehr! Nur ehrlich begeisterte Verkäufer, nur ehrliche Unternehmen haben Chancen, Vertrauen zu gewinnen und zu behalten. Nur ehrlicher Verkauf baut dem Unternehmen den wertvollen treuen Kundenstamm auf. Begeisterndes Verkaufen ist ehrliches Verkaufen, individuell ehrlich und ehrlich im Produkt, in den Konditionen, im langfristigen Service, in der Zusammenarbeit und in der Kommunikation mit dem kritischen Kunden.

Motiviere dich selbst, sonst motiviert dich keiner

oder: Selbstachtung ist keine dauerhafte Selbstüberwindung

„Wer stets nur lebt im Hoffen und Harren, der landet eines Tages unter den Narren."

Wer selbst strahlt, lässt auch andere strahlen

Alle stöhnen, alle klagen, allen geht es schlecht. Alle haben riesengroße Probleme mit dem Verkauf, alle sind am Verzagen. Alle hoffen auf bessere Zeiten für den Markt und versinken in passivem Abwarten. Alle sind wie gelähmt – nur einer strahlt, und das bin ich!

Wie soll das gelingen? Wer sorgt für diese Hochstimmung in mir drin? Wer beschert dem Verkäufer diese Zuversicht? Wer motiviert ihn für seinen täglich neuen Aufbruch zu den Kunden, für den Verkaufsalltag, jetzt in diesem Augenblick?

Die Pflege der inneren guten Stimmung, das Ausputzen des ständigen pessimistischen Staubes, das Aussortieren der von allen Seiten hereinwehenden Miesmacherei – kurzum, die konsequente Denk- und Seelenhygiene ist nicht einfach.

Wahre Motivation kommt von innen

Die Motivation aus dem eigenen Selbst heraus ist nämlich die einzig tragende, die einzige echte Motivation. Jede „Motivation" von außen her, durch andere, mit aufgesetzten Sprüchen und Tricks, ist nur eine scheinbare Motivation. Mit der falschen Motivation aber betreiben wir Selbstbetrug. Das eigene Ich leidet unter einer solchen Vergewaltigung und kippt allmählich in Lethargie und in seelischen Ekel um vor dem Trugbild, das nach außen vorgetäuscht wird.

Mag dich selbst, sonst mag dich keiner

Wer sich selbst nicht mag, der kann auch keine(n) andere(n) mögen! Wer sich selbst gering achtet und wer mit sich selbst hadert, den kann auch der Kunde nicht mögen, den kann auch der Kunde nicht mit Begeisterung akzeptieren.

Daher heißen die Zauberformeln:

Ich bin o.k., also ist die Welt o.k.!

- Ich bin o.k. – also ist der Kunde o.k.
- Ich bin o.k. – also sind Markt, Bedarf und Kaufbereitschaft o.k.
- Ich bin o.k. – also sind Produkt, Service und der Preis o.k.
- Ich bin o.k. – also ist mein Unternehmen o.k.
- Ich bin o.k.– also sind meine Argumente o.k.
- Ich bin o.k. – also stimmt der Nutzen für den Kunden.

Verkaufspower aus den eigenen inneren Kräften

Gläubige Christen gewinnen Kraft aus ihren Gebeten. Buddhisten murmeln ihr Mantra so lange in monotoner Wiederholung, bis aus der religiösen Formel Kräfte der glücklichen Erlösung ihrer Seele wachsen. Eine positive Lebenseinstellung lässt sich fördern mit einem „Gebet“ der Erfolgreichen:

Das Gebet der Erfolgreichen

„Ich mag mich mit Haut und Haaren, ich mag mich mit Glatze (oder mit Hängebusen), ich mag mich mit Bauch (oder mit zu üppigen Hüften), ich mag mich mit Plattfüßen, ich mag mich mit meinen schiefen Zähnen, ich mag mich mit 50 (oder mit 60 oder 70), ich mag mich als Mann (oder als Frau), ich mag mich als Vater (oder als Mutter), ich mag mich als Verkäufer (oder als Verkäuferin), ich mag mich in jeder Situation, ich mag mich heute, ich mag meine Stärken, ich mag auch meine Schwächen, ich freue mich über mich, über den Tag, über das Leben, ich mag die Menschen, meine Kollegen (oder meine Kunden), und daher habe ich Erfolg."

Aus einem eigenen, individuell formulierten „Glaubensbekenntnis" wachsen die stärksten Kräfte. Daher diese kleine Aufgabe: Formuliere dein persönliches Erfolgsgebet. Fasse deine Stärken in Worte. Gib deinem Glauben an dich selbst die ständige Nahrung aus dir selbst heraus.

Selbstwert schafft auch Wert bei anderen

Die überzeugte positive Grundeinstellung des Verkäufers zu sich selbst hat mit Selbstüberheblichkeit nichts gemein. Das ist keine Arroganz: Wer sich selbst mag, kennt und akzeptiert damit auch seine Schwächen. Er steht dazu und weiß damit zurechtzukommen. Das ist die richtige Grundlage: Mit dem eigenen Ich willentlich, also bewusst umzugehen! Diese innere Balance macht ein Ende damit, dass sich Verkäufer immer wieder auf Kosten anderer beklagen.

Klagen bessern die Welt nicht

Die Kraft gegen die negative Sicht der Welt kann nur aus eigenem Antrieb kommen. Nicht die Klagen bessern die Welt, sondern die eigene Sicht der Dinge, die eigenen Initiativen, das Positive an die Stelle des Negativen zu setzen.

Die Sicht der Dinge ist das Maß der Dinge

Erfolg gelingt dem, der die Aufgaben im Verkauf mit innerer Freude angeht und seine Umwelt aus eigener Kraft und nach eigenen Zielen positiv verändert – zum Gewinn für sich selbst und für die Kunden. Sie finden sich plötzlich einem Verkäufer mit Ausstrahlung, mit Rückgrat gegenüber, der zu seiner Rede steht und auf Kundenfragen offene Antworten gibt. Auf die Argumente dieses Verkäufers ist Verlass. Er benutzt Argumente erst gar nicht, hinter denen er nicht stehen kann.

Das ist der Super-Seller, der Verkäufer „aus einem Guss", der Kunden begeistert. Dinge wie Gold und Reichtum können locken. Gefühle aber, also auch Begeisterung, binden sich immer an Personen. Der Verkäufer höchstpersönlich ist es, der beim Kunden neben dem Nutzen die Begeisterung auslöst, die wertvolle Stammkunden zeugt.

Der Super-Verkäufer aber ist beileibe kein Super-Mensch, kein Übermensch. Stärken und Schwächen prägen jeden Menschen. Entscheidend ist der Umgang mit den persönlichen Eigenschaften.

Schwächen kennen und bekennen

Wer legt eigentlich fest,

- welches meine Schwächen sind?
- welches meine Stärken sind?

Mit dem Auge des Betrachters schwankt so manches Charakterbild:

- Sieht Peter sein ausgefeiltes Organisationstalent, sehen andere an ihm nur Pingeligkeit und Beckmesserei.
- Sieht Petra sich als höflich und hilfsbereit, sehen andere nur Unterwürfigkeit und Kriechertum.
- Sieht Franz sich als kontaktscheu und redegehemmt, sehen andere ihn als sympathischen, warmherzigen, geduldigen Zuhörer.
- Sieht Franziska sich als schwerfällig und langsam, so freuen sich andere über ihre Gründlichkeit und Zuverlässigkeit.

Die zwei Seiten einer Medaille

Also: Wer legt nun wirklich fest, welches Stärken sind und welches dagegen die Schwächen? So wie jede Medaille ihre zwei Seiten hat, so hat auch jeder Mensch zwei Erscheinungsbilder:

- Das Eigenbild: „So sehe ich mich selbst."
- Das Fremdbild: „So sehen mich andere."

Erkenne dich selbst im Spiegel der anderen

Zum Selbstbild fügt sich spiegelnd und ergänzend immer auch das Fremdbild: Was sagen andere über mich? Offenheit unter Lebenspartnern und unter Freunden ist hier eine wertvolle Hilfe, gibt Orientierung und Maß.

Urteile anderer dann im rechten Licht und Gewicht annehmen zu können, weder depressiv noch aggressiv darauf zu reagieren; bedarf der Basis eines gesunden Selbstwertgefühls, des Wohlbefindens mit sich selbst und des eigenen positiven Selbstbildes. Denn wer sich selbst nicht mag, der nimmt es furchtbar übel, wenn ihn andere nicht mögen.

Im Ärger verpuffen viele Kräfte sinnlos

Kein Ärger bessert diese Welt. Ganz im Gegenteil: Ärger blockiert die positiven Möglichkeiten.

Wer gegen sich selbst im Kampf liegt, wer voller Griesgram mit seinem Selbst und auch mit der Welt hadert, der sieht auch diese Welt in den düsteren Farben seiner vorgefärbten Brille.

Dadurch wirkt er auf diese Welt und verändert sie:

Wer Ärger sät, wird Sorgen ernten

- Mürrische Miene erzeugt mürrische Blicke der anderen.
- Zur Schau gestellte Unlust steckt die anderen an.
- Schlechte Laune ist ansteckender als ein Grippevirus.
- Negative Erwartungen führen unausweichlich dazu, sich zu bewahrheiten!

Sich ärgern ändert nichts, bringt nichts, bedeutet nur, zu „sühnen" für die Schuld anderer. Daher lieber denken und handeln nach dem Gebet der Philosophen: „Gott gebe mir die Kraft, Dinge zu ändern, die ich ändern kann. Gott gebe mir den Mut und die Gelassenheit, Dinge hinzunehmen, die ich nicht ändern kann."

Statt sich zu grämen, statt sich zu belasten, statt sich zu vergiften, hilft vielmehr der Grundsatz: Jede Situation lässt sich positiv sehen!

Dichterfürst Johann Wolfgang von Goethe formulierte sein Beispiel positiver Weltsicht so: „Wenn es regnet, sei gönnerisch, lass es regnen." Die Natur braucht Regen. Erst nach dem Regen können wir uns an den Blüten und Früchten erfreuen.

Alle Kräfte für heute und morgen

Das Fazit: Nicht lamentieren, nicht klagen, nicht meckern, nicht den Blick zurückwerfen und dabei wertvolle Kräfte vergeuden!

Die Welt ist nicht negativ. Die Welt ist nicht böse. Wer aber die Welt negativ sieht, für den ist sie dann auch hoffnungslos und entmutigend.

Die Welt und das Leben lassen sich beide in der Gegenwart, im Jetzt, gestalten. Hier lohnt sich alle Kraft. Die Entscheidungen fallen jetzt und wirken dann weiter: Heute ist der neue Tag! Heute lässt sich mit jeder Entscheidung Neues schaffen. Darauf lohnt es sich zu konzentrieren.

Kraft zum Bleiben oder aber Mut zum Aufbruch

Die Wege gabeln sich ständig:

- Soll man bei Bewährtem bleiben und es nach besten Kräften nutzen?
- Oder soll man begeistert aufbrechen und mutig Neues schaffen?

Entscheiden und Tun führen zum Erfolg, nicht das Hadern mit dem ärgerlichen Schicksal, das gestern so ungnädig mitspielte! Handeln statt zagen und zaudern! „Probieren geht über Studieren", mahnt der Volksmund, wenn jemand gar zu unentschlossen hin und her überlegt.

Handeln statt Zaudern

Lässt sich aber eine Situation wirklich nicht ändern, wirklich nicht akzeptieren, dann zeigen die Signale auf Aufbruch. Statt im Ärger zu verwelken, lieber das Neue wagen:

- eine lange (Schein-)Freundschaft brechen,
- hoffnungslose Ideale hinter sich lassen,
- einen neuen Beruf erlernen,
- in eine andere Stadt ziehen.

Denn der Aufbruch verlangt die positive Einstellung, die ganze Kraft.

Über allen Wolken scheint die Sonne

Erfolg kommt aus Selbstvertrauen. Den Erfolgreichen mag die Welt. Erfolg macht Spaß. Spaß ist Lebenslust. Wer sich selbst mag, gewinnt an Lebensfreude. Tu dir Gutes, damit du dich wohlfühlst.

Selbsthygiene vertreibt den Ärger

- Kann denn Ärger wirklich Schicksal sein?
- Gibt es Rezepte gegen den Ärger?
- Lässt sich Ärger einfach wegtrainieren?
- Was und wer hilft dem Menschen, der glaubt, zum Ärger veranlagt zu sein?

Psychologen erklären den Menschen mit einem Modell aus drei Bausteinen: Körper, Geist und Seele. Ärger haben sie dabei nicht erwähnt. Wo also sitzt der Ärger? In jeder Körperfaser, in jeder grauen Zelle des Gehirns? In jeder Nische unserer Gefühle?

Wer glaubt, immer vom Ärger verfolgt zu sein, aber auch die Hoffnung behält, seinen Ärger vermeiden zu können, der stellt sich zunächst die Frage: „Aus welchen Quellen in mir stammt denn eigentlich all dieser viele Ärger? Ist's körperlicher Ärger? Ist's geistiger, gedanklich, beruflich bedingter Ärger? Ist's seelischer, gefühlsmäßig bestimmter Ärger?"

Ärgerprävention statt Dauerärger

Innere Selbsthygiene gegen ständigen Ärger ist tatsächlich möglich! Der gründlichste Feind des Ärgers ist Wohlbefinden. Sobald die Quelle des Ärgers erkannt ist, kann jede Ärgerprävention gezielt darangehen, dem Ärger die Wurzeln zu kappen – seien sie körperlich, seien sie gedanklich, seien sie seelisch. Das Anti-Ärger-Mittel „Wohlbefinden" lässt sich mit ein wenig Übung gezielt einsetzen und gegen den Ärger nutzen.

Körperliches Wohlgefühl

Wohlbefinden fängt zunächst ganz irdisch und ganz materiell mit dem Körper an: Unausgeschlafen, verkatert, untrainiert, steif und unbeweglich, übergewichtig und schon nach dem ersten Stockwerk ohne Lift an den Grenzen der Kondition – wie soll sich ein Mensch da wohlfühlen? Und sobald es an Wohlgefühl mangelt, fängt der Ärger schon an!

Das Ärger-Ausrott-Programm beginnt also mit körperlicher Fitness: gesunder Ernährung, ausreichender Bewegung und frischer Luft, Verzicht auf übermäßigen „Genuss" von Alkohol und Nikotin, der nötigen Menge an Schlaf, vorsorglich eingeübten Entspannungstechniken für den Stressfall (zum Beispiel in „Fit fürs Leben" von Harvey und Marilyn Diamond, München 2003)

Wohlbefinden des Geistes

Das gilt ebenso für den Geist, für den Intellekt: Auch der Geist braucht Bewegung. Den Umstieg vom „Gehirnbesitzer zum Gehirnbenutzer" fordert Vera F. Birkenbihl, die gefragte und hoch bezahlte Managementtrainerin: Freude am Neuen, kindliche Neugier, Auseinandersetzung mit Unbekanntem, interessiertes Lesen, sich aktuell informieren, sich laufend weiterbilden, lernen, reisen, diskutieren – vor allem auch mit Andersdenkenden.

Menschen, die im hohen Alter noch außergewöhnliche geistige Leistungen vollbrachten, wie zum Beispiel Albert Einstein, haben ihr Leben lang keine geistige Auseinandersetzung gescheut.

Das Gehirn ist wie ein Muskel: Wird es nicht ständig aktiviert, dann wird es lahm und schwach. Lebenslanges Lernen ist also angesagt. Lebenslanges Lernen hält jung und aktiv. Lebenslanges Lernen macht Spaß.

Wer lange aktiv denkt, der lebt lange

Wohlsein der Seele

Viel zu stiefmütterlich behandelt wird in der menschlichen Dreieinigkeit zumeist die Seele. Der Körper ist greifbar. Er macht sich bemerkbar, wenn er vernachlässigt wird. Intellekt ist tagtäglich nötig. Das Gehirn ist anatomisch vorstellbar und hat seinen eindeutigen Sitz.

Aber die Seele? Gefühle? Überflüssig in der hochtechnisierten Zeit des dritten Jahrtausends der christlichen Zeitrechnung? Die Seele? Wo ist sie denn zu Hause? Wie ist ihr denn beizukommen? Wer hat sie schon jemals gesehen?

„Seelenhygiene" hat sich längst als fester Begriff etabliert. Sie ist nachgewiesenermaßen ebenso wichtig wie körperliche Hygiene: Wie aber das innerste Wesen „sauber halten" vom ärgerlichen Umweltschrott aus allen Gerümpelecken? Wie verhindern, schnell mitgerissen zu werden von der negativen Lawine, die von allen Steilhängen der modernen Medien- und Nachrichtenwelt niederstürzt?

- Alle reden von Krise, also legt sich Krisenstimmung auf des Verkäufers Seele.
- Alle reden vom Preisverfall, also schleicht sich Verfallsstimmung ins Gemüt des Verkäufers ein.
- Alle reden von der Kostenlawine, also erstickt meterdicker Kostenpessimismus jedem Verkäufer den Mut zu Argumenten, die den Kunden begeistern.

Wer soll im Markt noch Nischen und Chancen sehen, wenn Abend für Abend Politiker und führende Topmanager aus Unternehmen und Verbänden die neuesten Krisenzahlen ausbreiten? Absatzeinbrüche und neue Millionenzahlen von Arbeitslosen – da beginnt im Verkäufer der Zweifel zu nagen: „Wie lange ist wohl mein Job noch sicher?" Und wie soll er mit solch unsicherer Basis dann überzeugend, sogar begeisternd auf seine Kunden wirken?

Gib der Seele Sonnenschein

Gibt es Filter gegen den stimmungsgemäßen Umweltsmog für unsere Seele? Lässt sich die Seele gegen all das ansteckend Negative schützen? Welche Chance bleibt, in der Seele die Sonne scheinen zu lassen, auch wenn rundum viel zu viele Mieslinge das innere Licht verdunkeln wollen?

Es scheint immer einmal wieder jemand ein Patentrezept für aktive Seelenhygiene gegen Miesmacherei zu entdecken. Hier das Rezept eines Kollegen als Beispiel:

Bringt ihm jemand schlechte Nachrichten zum Beispiel über Krankheiten, Katastrophen, Unfälle, Betrug, Untreue, Krise und nicht aufzuhaltenden Preisverfall, so hört er zunächst fünf Minuten lang aufmerksam und teilnahmsvoll zu. Nach diesen ersten fünf Minuten lässt er allmählich merken, dass er nun nur noch aus Höflichkeit zuhört. Fährt der Erzähler unbeirrt mit seinen schlimmen Nachrichten fort, so unterbricht er nach der zehnten Minute und fordert: „Freund, hol dein Scheckbuch heraus, denn ab jetzt wird's gebührenpflichtig, all den negativen Botschaften zuzuhören." Und dann beginnt er von etwas Positivem zu erzählen.

Stimmungen sind hausgemacht

oder: Die Nacht des Verkäufers hat es in sich

Der Schlaf ist das Paradies der Seele. Schlaf ist der Jungbrunnen, der Lebensquell der Seele. Sanfter, erholsamer Schlaf aber setzt voraus, dass der Mensch mit sich selbst im Reinen ist, ehe er sich entspannt. Das Perpetuum mobile funktioniert, zumindest in der Psyche der Menschen: Abends mit Groll in den Schlaf, morgens unter finsteren Wolken aufgewacht – schon beginnt der ganze Ärger von Neuem. Wer dagegen abends friedvoll und frohgemut einschläft, programmiert seine Seele für einen glücklichen, erfolgreichen neuen Tag.

Und er sah sein Werk und er sah, es war wohl getan

Der Handwerksmeister von einst konnte abends mit Stolz auf das Tageswerk seiner Hände schauen. Er konnte den Tag abschließen, mit sich selbst zufrieden, auch wenn er am folgenden Tag sein Werk noch hie und da ergänzen oder korrigieren musste.

Das Leben heute steht viel zu häufig unter Hektik und Stress. Heute ist geleistete Arbeit zumeist abstrakt, weder anschaulich noch begreifbar als Werk des Tages. Das verlangt dann schon bewusstes Innehalten. Hier heißt es, sich in analytischer Rückbesinnung den Tag vor Augen zu führen: Was habe ich heute erreicht? Was habe ich dabei gewonnen?

Keine Aufmerksamkeit an Misserfolge vergeuden

Misserfolge an sich gibt es nicht. Der scheinbare Misserfolg ist die völlig subjektive Sicht einer Situation. Für jeden steckt im scheinbaren Misserfolg sein potenzieller Gewinn. Der Misserfolg wird erst zum Misserfolg, wenn eine Situation nicht für die Zukunft ausgewertet und genutzt wird. Misserfolg tritt dort ein, wo verloren geht, was an Nutzen in jedem Ereignis steckt, an Orientierung für kommende Situationen.

Dont worry, be happy – ein schneller Gewöhnungsprozess

„Positives Denken" ist ein weithin vom Bestsellerautor Edward de Bono geprägter Begriff (großartig zu lesen sein Buch „Die positive Revolution"). In den Alltag übersetzt lässt sich formulieren: „Denken in lauter kleinen Freuden." Dieser Weg, mit dem Alltag und all seinen Ereignissen umzugehen, verlangt im ersten Anlauf bewusste Konzentration.

Erstaunlich aber ist, dass alle, die diesen Weg eingeschlagen haben, immer wieder berichten: „Schon nach ganz kurzer Zeit geht diese Sicht des Alltags in Fleisch und Blut über."

Dieses positive Denken bedeutet bei Weitem nicht, dem Leistungsziel zu entfliehen. Positives Denken bedeutet nicht, dass alles egal ist. Erfolg setzt Ziele voraus. Ohne herausfordernde Messlatte schafft kein Hochspringer je den neuen Weltrekord. Aber aus jedem Fehlversuch entdeckt er auch den nächsten kleinen Schritt zur Steigerung seiner Leistung. Vor allem aber ist er stolz: „Die 2,25 m schaffe ich sicher. Mein Ziel sind die 2,30 m. Was werde ich tun, ihnen morgen wieder ein Quäntchen näher zu kommen? Schritttechnik? Anlaufwinkel? Körperhaltung? Ein neuer Schuh?"

Trainingsprogramm gegen Resignation

Sobald er sich über einen erneuten Fehlversuch grämt, ist sein Leistungsabbau vorprogrammiert. „Mentale Kondition" ist im Hochleistungssport ein fester, wissenschaftlich fundierter Trainingsbestandteil.

Verdrossenheit, Hader mit dem Beruf, mit dem Leben allgemein, Resignation, sich dem Missmut hingeben – das sind heute weit verbreitete Lebenseinstellungen. Von „Entfremdung zwischen Arbeit und Mensch" sprechen die Soziologen. Von „innerer Kündigung" sprechen die Personalexperten in den Unternehmen.

Abkehr vom alltäglichen Missmut

Missmut bringt Misserfolg

Im Missfallen an sich selbst, am Beruf, am Partner, an den gesamten Lebensumständen entspringt die Spirale nach unten: Ohne Freude zu leben und zu handeln kann nur zum Misserfolg führen. Dieser Misserfolg wird dann als Bestätigung der eigenen Negativeinstellung erlebt.

Das Abdriften in eine abgrundtiefe Frustration scheint nicht zu stoppen. Mit bewusster Selbstkontrolle, mit dem Entschluss zur Selbststeuerung aufs positive Denken gelingt jedoch auf einfache und freudvolle Weise der Absprung aus solch fatalen Lebens- und Erlebensmechanismen.

Mentale Kondition statt innere Kündigung

Die Rezepte zur kompletten persönlichen Umorientierung auf den Kurs der „Freude am Leben“ sind denkbar einfach und verlangen keinerlei unrealistischen Aufwand. Lediglich ein kleines Quantum Selbstdisziplin begleitet den Weg. Nicht mehr als eine Viertelstunde Zeit jeden Abend führt zur kompletten Veränderung der ärgerüberschatteten Weltsicht.

Diese entscheidende Viertelstunde nach abgeschlossenem Tagesablauf gehört einer Reihe von Fragen. Fragen zunächst in Rückschau auf den abgelaufenen Tag, Fragen dann auch zur positiven Einstimmung auf den kommenden Tag.

Anfangs ist es hilfreich, diese Fragen auf einem kleinen Zettel zu notieren und auch die Antworten in einer Art von Tagebuch in Stichworten festzuhalten.

Die Fragen der positiven Tagesrückschau

- Was hat mir der heutige Tag an Freude gebracht?
- Worauf kann ich heute stolz sein?
- Was hat mich heute glücklich gemacht?
- Wem habe ich heute Freude bereitet?

Positive Bilanzen ziehen

Nicht der erlittene Ärger ist Mittelpunkt dieser Tagesrückschau. Nicht den „großen“ Ereignissen wendet sich die Selbstbesinnung zu. Ganz bewusst konzentriert sich die Aufmerksamkeit auf die kleinen, viel zu häufig nicht bemerkten „Splitter“ im Tagesablauf. Diese in jedem Tag verstreuten Glitzermomente summieren sich rückblickend zum Erfolgserlebnis für jeden Tag, sei er vermeintlich noch so düster verlaufen.

Die Fragen der positiven Programmierung aufs Morgen

Worauf freue ich mich morgen?

- Wem werde ich morgen Großartiges bieten?
- Wem werde ich morgen Freude machen?
- Was wird mich morgen selbst erfüllen?
- Welche schönen Ziele strebe ich morgen an?
- Wie werde ich meine Ziele freudvoll erfüllen?
- Worauf möchte ich morgen am Abend stolz sein?

Kasimir M. Magyar, einer der führenden Managementberater, zeigt klar, welche Wirkungen von solchen Voraussichten ausgehen: Unternehmer, die mit ihren Erfolgen die Welt bewegten, bauten ihre Kraft auf Visionen auf. Visionen sind keine Träumereien, keine Fantastereien, keine schwammigen, unrealistischen Ziele." (Siehe auch die Literaturempfehlungen auf Seite 235.)

Positive Wegweiser setzen

Martin Luther King sah in den 1960er Jahren die kommende gesellschaftliche Entwicklung in den USA konkret vor sich: „I have a dream." Und er wusste, dass es so eintreten würde. Visionen sind vorhergesehene realistische Ereignisse: Das können neue Märkte oder neue politische Konzepte sein – oder auch „nur" die konkreten Erfolge im morgigen Alltag.

Die Kraft magischer Beschwörungen in den Ritualen, die in uralten Hexenbüchern beschrieben werden, basiert auf dem unerschütterlichen Glauben an die Formel: „As I say, so more it be." So wie ich das sage, so wird es sein! Die Wirkung „Was ich sehe", der Beschwörungsformeln hängt einzig und allein „Das wird sein" am Glauben an dieses „So wird es sein". So wie ich es erwarte, so tritt es auch ein. Die sich selbst erfüllende Prophezeiung ist fast ein grundlegendes Naturgesetz in der Psychologie.

Das aber lässt sich auch positiv nutzen: Die allabendliche Selbstprogrammierung auf Freude und anhaltenden Erfolg erfordert nur am Anfang ein wenig Pflichtbewusstsein. Mit den ersten Erfolgen wächst schnell die Gewohnheit. Bald wird die Viertelstunde der Tagesbilanz und der Tagesvorschau zum Lebenselixier.

Die Erfahrung zeigt auch, wie leicht, wie gesund der Schlaf aus der friedvollen inneren Stimmung heraufzieht. Die Nächte bringen gesunde, tiefe Entspannung und Erholung. Mit der seelischen Erfolgsprogrammierung geht die körperliche Stärkung automatisch einher. Da verschwindet wie von Geisterhand dieses geräderte, bleischwere Erwachen, diese schier unüberwindliche seelische Hemmschwelle vor dem Aufstehen in einen bedrohlichen, mit Ängsten beladenen neuen Tag.

Das Morgenritual

Froh und leicht ins viel versprechende Morgen

Wer sich auf den neuen Tag freut, der wird immer wieder feststellen, dass er seinen Wecker gar nicht mehr benötigt. Fast auf die Minute pünktlich taucht er aus dem erholsamen Schlaf auf und freut sich auf den Tag, der anbricht. Ohne Zögern hoch aus den Federn, die Dusche erfrischt und regt den Kreislauf an. Bewegung – und wenn es nur fünf konzentrierte Minuten sind – am offenen Fenster oder sogar draußen im Garten machen den Geist für den erfolgreichen Tag munter.

Ein Glas reines Wasser, getrunken noch vor dem Gang an den Frühstückstisch, dient der Vorbereitung des Organismus aufs Kraft spendende Morgenmahl: Vitamine, frischer Saft, Obst, ballaststoffreiches Brot – gesunde Ernährung hat nichts mit fader Geschmacklosigkeit zu tun.

Ein liebes, anerkennendes Wort zum Partner/zur Partnerin kehrt als Echo zurück. Lachen steckt an,

Freude, frohe Laune und eine optimistische Sicht der Welt ebenso. Wer den Griesgram zum Lächeln bringt, der hat sich den Tag schon erobert. Der Griesgram will sich zuallererst im eigenen Inneren ausbreiten. Dort aber bekommt er keinen Raum. Das ist die ureigenste Aufgabe für jeden: im eigenen Inneren die positive Stimmung aufscheinen zu lassen, mit der wir dann auch anderen gute Laune bereiten.

Ein kleines Lächeln besiegt den Griesgram

Kennen Sie das Morgenmonster, das Ihnen den halben Tag wegfrisst: „Oh, machen Sie mir nichts vor, ich komme morgens einfach nicht auf Touren. Ich bin nun einmal ein Morgenmuffel. Vor zehn Uhr ist mit mir nichts anzufangen."

Kennen Sie diese lebensverdrossenen Menschen, die noch immer nicht wissen, wie aus negativer Selbstüberzeugung der vorgeschobene Morgenmuffel ins Leben gerufen wird? Diese Menschen fahren innerlich Geisterbahn. Diese Menschen stürzen sich selbst in den Horrortrip. Diese Menschen verlieren sich im Teufelskreis der Demotivation.

Vorsicht vor ansteckender Schwarzseherei!

Kennen Sie auch die zahlreichen Zeitgenossen namens „Sorry", gegen die immer alle Welt all ihre Schrecken auffährt? Der Tag solch eines Menschen ist vom ersten morgendlichen Augenblinzeln aufs Negative programmiert. Aber nicht genug: Solche Menschen ziehen auch *ansteckender* alle anderen, denen sie begegnen, in ihre miese *Schwarzseherei* hinein.

Schutzrecht für gute Stimmung

Keiner hat das Recht, anderen die gute Laune zu vermiesen oder gar den anbrechenden erfolgreichen Tag zu verderben. Das verbieten die Achtung und der Respekt vor dem anderen und vor dessen Selbstwertgefühl. So wie ich dankbar bin für Anerkennung und Aufwertung, so bin ich sie auch meinen Mitmenschen schuldig. Das Leben bekommt dadurch seinen positiven Sinn und seinen fruchtbaren Inhalt, dass ich anderen Freude bereite, ihnen Nutzen bringe, ihnen Zuversicht vermittle.

Vorsicht vor dem inneren Miesepeter! Halt! Nicht sofort auf andere zeigen! Vorsicht zuallererst vor sich selbst.

Auf in den Kampf, wenn der innere Miesepeter naht!

- Keine Chance dem unausgeschlafenen Miesmacher!
- Keine Chance der Schwarzseherei!
- Keine Chance dem Nörgeln!
- Keine Chance dem am Vorabend nicht aus den Falten der Seele gebürsteten Ärger!

Der positive Start in den Tag beginnt mit der Zuwendung, die ich mir selbst entgegenbringe:

- Warum nicht meinen Lieblingsduft auflegen?
- Warum nicht mein Lieblingshemd, bequeme Schuhe anziehen?
- Warum nicht das frisch aufgebackene Croissant statt des harten Brötchens von gestern? Warum nicht das Lächeln genießen, das durch mein liebes Wort ausgelöst wird?
- Warum mich nicht freuen an der Sonne, die Licht gibt, und auch am Regen, der alles wachsen lässt?
- Warum nicht den Stau nutzen fürs Anhören der Kassette mit den motivierenden Gedanken zur positiven Sicht der Dinge?
- Warum nicht endlich einmal wieder die CD hören mit all den gesammelten Liedern und Songs zum Motto des positiven Denkens?
- Warum sich nicht freuen über diese noch vage Idee, wie es gelingen könnte, gemeinsam mit dem Kunden endlich sein Lager- und Qualitätsproblem zu überwinden?

- Warum nicht jetzt den Stau nutzen, um ein paar Gedanken dazu oder zum ersten Kundengespräch am Vormittag auf meinem Notizblock festzuhalten?

Freude zeugt Freude und schafft Freunde

Positive Stimmung steckt auch den Kunden an

Positiv sein – auch bei Reklamanten! Der reklamierend anrufende Kunde fühlt sich angenommen mit seinem Problem. Er erfährt damit Aufwertung, und er bekommt Zuwendung – beides häufig wichtiger als die sachliche Lösung. Der Kunde bekommt so eine Antwort, die ihn wieder positiv stimmt. Seine positive Reaktion bestätigt mich, gibt mir mein Erfolgserlebnis. Und die erzeugte positive Stimmung des Kunden pflanzt sich fort in seinem Tag und bei den Menschen, mit denen er heute zu tun haben wird.

Das ist der Weg, wie Kunden zu „Freunden", zu treuen, eingeschworenen Stammkunden werden. Verkaufen im 21. Jahrhundert ist vor allem Beziehungsmanagement. Die Produkte an sich sind weithin austauschbar geworden.

Kleine Anlässe starten positive Lawinen

Die soziale Kompetenz entscheidet über den Verkaufserfolg. Eine positive Lebenseinstellung ist das Fundament dieser sozialen Kompetenz. Die positive Lebenseinstellung kann aber nicht erst nach ein paar morgendlichen Muffelstunden starten, vielleicht vor mittags ab zehn Uhr. Die positive Lebenseinstellung durchdringt den Menschen rund um die Uhr. Sie wird seinen persönlichen Erfolgsweg prägen. So ziehen kleine Anlässe lawinenartige Wirkungen nach sich, für jeden Einzelnen und für alle, mit denen er in seinem Alltag zu tun hat. Hier geht es also um nichts weiter als „nur" um den für alle Zukunft abgestreiften morgendlichen „Muffelmantel".

Doch da gibt es durchaus eine Handvoll Hilfen, sich vom frühen Morgen an bis zum letzten Moment vor dem abendlichen Einschlafen selbst zu motivieren. Da hilft eine kleine „Motiviertafel", die in der Tasche des Hausmantels steckt, vielleicht auch am Spiegel im Bad klebt – oder wo immer sie sonst ständig ins Auge fällt. Wieder und wieder gelesen prägen sich die zehn Hinweise allmählich wirklich im Unterbewusstsein ein und formen die innere Einstellung. Eine positive Weltsicht lässt sich anerziehen. Die Mühe lohnt! (Die Liste lässt sich beim Kopieren auf Taschenformat verkleinern, dann auf Karton kleben und zum Langzeitschutz mit Klarsichtfolien überkleben.)

So banal solche „Rezepte" auch teilweise scheinen mögen – sie wirken! Die innere Selbstprogrammierung beeinflusst den Erfolg des Verkäufertages.

Die menschliche Seele, das menschliche Gemüt mit seinen Stimmungen, ist weitaus weniger kompliziert, als wir immer glauben wollen. Die „Prägung", die sich der Verkäufer mit dem ersten Augenblinzeln frühmorgens eingibt, sie wird zum Leitmotto für den Tag.

Zehn Hilfen zur täglichen Selbstmotivation

1. Geh gut gelaunt ins Bett und du wirst in guter Laune erwachen.
2. Konzentriere dich abends vor dem Einschlafen auf eine positive Idee zum kommenden Tag. Konzentriere dich auf etwas, worauf du dich morgen freuen kannst.
3. Freue dich auf morgen: Freue dich auf den neuen Tag, freue dich aufs Licht der aufgehenden Sonne oder auf das Leben spendende Nass des Regens. Programmiere dich innerlich, den kommenden Tag zu genießen, ihn positiv zu erleben.
4. Kauf dir einen fröhlichen Wecker! Weg mit dem sehr schrillen Wecker. Benutze stattdessen einen Wecker mit einer fröhlichen Melodie.

5. Wähle deine Lieblingskleidung. Fühle dich stolz, so wie du dich anziehst. Kleider machen Leute. Im steifen Hemdkragen steigen kaum kreative Gedanken hoch. Im kratzigen Pullover wirst du kaum sensible Gedanken für deine Kunden entwickeln können.
6. Begleite dich mit angenehmer Musik in deinen neuen Tag. Mache dich unabhängig vom Radioprogramm mit Musik, die du nicht magst, und Katastrophennachrichten. Brenne dir deine Lieblingsmusik auf CD.
7. Freue dich auf die Welt. Lerne, das Positive zu sehen. Konzentriere dich auf die Stärken und Vorzüge deines Partners, auf die liebenswerten Seiten deiner Kinder und auf die angenehmen, offenen Eigenschaften deiner Kunden. Die Welt wird dir so positiv begegnen, wie du sie siehst.
8. Drücke deine positiven Gefühle in deinen Worten aus. Du wirst Staunen, wie viel Freude du damit um dich herum erzeugen kannst.
9. Glaube an deinen Erfolg, glaube an dich und du wirst sehen: Dein Glaube ist wahr! Nimm in deinen inneren Bildern den Erfolg schon vorweg. Konzentriere dich auf diese Bilder und du wirst sehen: So wie du an dich glaubst, so trifft es auch ein.
10. Denke positiv über dich, die Welt, die Menschen, mit denen du heute zu tun haben wirst. So wie du die Welt siehst, so wird sie auch sein. Wenn es regnet, denke daran, wie lebensnotwendig der Regen ist. Kein Nachteil, der nicht seine Gewinnseite hätte. Du musst sie nur in den Brennpunkt deiner Betrachtung rücken.

Dreifache Kompetenz fürs begeisternde Verkaufen

oder: Warum Kundenkompetenz der Schlüssel dazu ist

Drei Kompetenzen führen zum Erfolg:

- Fachkompetenz
- Selbstkompetenz
- Kundenkompetenz

Fachkompetenz ist im völligen Wandel

Wandel vom herkunfts- zum verbraucher-orientierten Sortiment

Bereits in den 1960er Jahren wurde im Handel ein Wandel vom ehedem herkunfts- zum verbrauchsorientierten Sortiment eingeleitet. Der klassische Eisenwarenhändler führte – wie es der Name schon sagte – Produkte, die aus Eisen (Metallen) hergestellt wurden. Sein Sortiment wurde dem Haushaltswaren- und dem Werkzeughändler zugeteilt. Letztere waren verbrauchs- bzw. gebrauchsorientiert.

Früher mussten Besteckverkäufer auch büffeln, aus welcher Legierung die Messer und Gabeln bestanden. Reifenverkäufer wurden darin geschult, die Mischung des Gummis zu beherrschen. Beide müssen sich heute eher darin auskennen, welche Vorteile ihre Produkte für den Kunden haben. Fachkompetenz muss also heute eher Anwendungskompetenz heißen.

Ich verfasste dieses Buch selbstverständlich an meinem PC. Die Kompetenz für Word hat der Autor. Doch wie viel Prozent der ungeahnten Möglichkeiten seines Laptops beherrscht er wirklich? Fünf, zehn oder gar 20 Prozent? Es fehlt ihm die Anwendungskompetenz.

Wie wichtig heute Anwendungskompetenz ist, können wir immer bei der zwei Mal im Jahr unvermeidlichen Zeitumstellung erfahren. Wir freuen uns an unserer funkgesteuerten Uhr, die macht das von selbst. Einfach geht es auch mit unserer vom Großvater geerbten Aufziehuhr: Einfach Krone raus und im Uhrzeigersinn die neue Zeit einstellen. Schwieriger wird es schon bei unserem Digitalwecker, noch schwieriger bei unserem Handy und – für manchen – unlösbar ist die Zeitkorrektur des Computers.

Kunden erwarten heute Verkäuferpersönlichkeiten

Kunden wollen Verkäufer, die an sich selbst glauben, die mit sich selbst im Reinen sind. Kunden sind anspruchsvoll, sie wollen sogar stolz darauf sein, nicht von irgendjemandem besucht zu werden. Kunden wollen sich von echten Persönlichkeiten beraten lassen – von Verkäufern, die wissen, was sie wollen und was sie wert sind, das ist die gefragte Selbstkompetenz.

Die sieben goldenen Regeln für gesteigerte Selbstkompetenz

1. Nimm dich an, so wie du bist. Hadere nicht mit deiner Größe, deinem Alter, deinem Aussehen.
2. Motiviere dich selbst. Warte nicht auf den, der dich motiviert, denn außer dir selbst motiviert dich keiner.
3. Klage nicht – Klagen bessern deine Welt nicht. Der Gang ins Tal des Jammers ist sonst unvermeidlich.
4. Bekenne dich zu deinen Schwächen. Sage Ja zu dem, was unabänderlich ist.
5. Ärgere dich nicht. Im Ärger verpuffen deine Kräfte sinnlos.
6. Habe Mut zum Aufbruch zu neuen Zielen. Nimm dein Schicksal selbst in die Hand.
7. Betreibe regelmäßige Hygiene. Nicht nur für den Körper, auch für den Geist und für die Seele.

Eine wahre Begebenheit, die täglich tausend Mal überall auf der Welt passiert, ist folgende: Ein Personalchef ist gerade im Gespräch mit einem Bewerber für einen Spitzenjob im Verkauf. Der Bewerber gefällt ihm: adrettes Auftreten, gepflegte Konversation und gute Zeugnisse. Doch dann das Dilemma: Auf die Frage des

Einstellenden, was der Bewerber denn von seiner Firma so wisse, gibt dieser ein verlegenes „Wenig, ich dachte, Sie würden mir das schon erzählen!“ von sich.

Wie kann sich unser Manager jetzt für diesen Bewerber entscheiden, wo dieser sich doch vorher so wenig für ihn und sein Unternehmen interessierte?

Dem Kunden geht es genauso. Er setzt heute voraus, dass wir sein Unternehmen, seine Anforderungen und seine Interessen kennen. Er verlangt professionellste Kundenkompetenz, das Wissen um ihn selbst.

Kundenkenntnis via Internet

Sich dieses Wissen zu erwerben ist heute kinderleicht. Wir haben doch das Internet. Fast kein Unternehmen fehlt, alle wollen auf diesem „Marktplatz der Eitelkeiten“ promenieren. Sich einfach schnell einmal die www-Adresse besorgen und reingeschaut, die wichtigsten Seiten ausgedruckt und schon heißt es, sich vor dem Kunden mit dem neuen Wissen profilieren.

Nur sollten Sie nicht sagen: „Das habe ich aus dem Internet!“ Beschlagene Menschen geben ihre Quellen nicht preis, sie kennen sich einfach aus. Sie sind eben gebildete Persönlichkeiten. Das imponiert, das schafft Anziehungskraft und Lust, von solchen Menschen beraten zu werden.

Wie du startest, so liegst du im Rennen

oder: Warum der Start-Sieger meist auch der Ziel-Sieger ist

Ein Formel-1-Rennen ist richtig spannend. Aber meist nur der Start. Denn hier wird in wenigen Sekunden entschieden, wie teuer der durch Crashs produzierte Schrott ist. In der gleichen Zeit regelt sich aber auch, wer als Erster in die erste Kurve geht, sich einen

Vorsprung verschafft und den Rest des Feldes so kontrollieren kann.

Durchstarten – einige Beispiele

Mitte der 1970er Jahre war der Automobilkonzern Chrysler so gut wie tot. Schlechte Qualität und Milliardenverluste zeichneten das Image. Niemand wollte Chrysler haben. Lido, der Sohn eines Einwanderers aus Italien, traute sich die Sanierung zu. Beherzt ging er an die Arbeit. Seine schnell erworbene Erkenntnis war: „Nicht zu retten!“ Doch eine einzige Einstellung machte das Wunder dann doch möglich: „Du musst täglich vor 10.00 Uhr deine geschäftliche Höchstleistung erbringen!“ Sein Fahrer hatte die Anweisung, ihn nicht ins Werk zu fahren, wenn er ihm nicht vor dem Werkstor bereits sagen konnte, welches vor 10.00 Uhr seine geschäftliche Höchstleistung sein wird. Lido zwang sich also täglich, die Spitzenleistung schon am frühen Morgen gebracht zu haben. Er wusste, dass nichts mehr motiviert als ein früher Erfolg. Und er schaffte es.

Mitte der 1980er Jahre war Lee (sein amerikanischer Vorname) Iacocca der bestbezahlte Manager der Welt.

Im Zweiten Weltkrieg gab es ein unverwüstliches Motorrad, die langhubige Harley Davidson. Sie fuhr für die Amerikaner treu und zuverlässig durch Wüsten und Schlamm. Doch wiederum in den Siebzigern schien plötzlich das Ende dieses Traditionsunternehmens gekommen zu sein.

Wären da nicht 30 reiche Amerikaner gewesen, die unter Führung von Mike Kami (ebenfalls italienischstämmig) die Ärmel hochkrempelten. Ein eigentlich aussichtloses Abenteuer, denn der Motor ging bei hohen Drehzahlen sofort kaputt und die Straßenlage war – unter modernen Gesichtspunkten – als eher gefährlich einzustufen.

Doch Mike verzagte nicht. Sein Rezept war denkbar simpel und bestand im Urtext nur aus drei Buchstaben: MMM.

Die Philosophie, die dahintersteckt, ist ebenfalls denkbar einfach: Mike sagte sich, dass eine Arbeitswoche ja fünf Tage habe und in vielen Firmen der Montag zu sehr in den Startlöchern stecken bliebe. Und wenn der Montag erst wenig effektiv war, weil beispielsweise zu viel gequatscht wurde, wie schwierig würde dann der Start erst am Dienstag sein? So ist es auch im Sport – ein Fehlstart ist zermürbend.

Also mobilisierte Mike Kami seine Männer und Frauen mit MMM, einem *M*onday *M*orning *M*ust, zu Deutsch: Montag-Morgen-Maßnahme. Wenige Jahre später war Harley Davidson gerettet, ist heute eine Kultmarke, der Traum vieler Motorradfahrer und ihrer „Bräute" ebenso.

Es wäre geradezu fatal, nicht auch ein Verkäufer-Beispiel parat zu haben. Da gab es René Huber, den Schweizer IBM-Verkäufer. Er war immer einer der Besten im Konzern. Und sein Geheimnis war und ist so einfach – es hieß: 1. Januar ... eines jeden Jahres!

Während seine Kollegen noch Urlaub machten oder sich von den Strapazen des alten Jahres ausruhten oder sich sagten, das neue Jahr wäre noch so lang, führte er an diesem Tag (natürlich am zweiten Januar, denn der erste ist ja bekanntlich ein Feiertag) bereits seine erste Verkaufsverhandlung. Im Dezember noch hatte er sie vorbereitet, um sicher zu sein, dass sie auch erfolgreich wird.

René wusste und realisierte es: Wie man startet, so liegt man im Rennen!

- „Täglich vor 10.00 Uhr seine geschäftliche Höchstleistung erbringen",
- „Montag-Morgen-Maßnahme" und
- „1. Januar"

Sind all dies so schwierige Vorhaben, so überzogene Erwartungen, so komplizierte oder gar unmenschliche Forderungen? Nein, gewiss nicht. Es geht hier nur um das gerüttelt Maß an begeisternder Selbstdisziplin, um das Einfach-daran-Denken und Handeln, das Tun!

Starten ist immer schwierig

Die einen kommen nicht aus dem Bett, die anderen nicht in die Puschen. Manche wachen erst auf, wenn andere den Job schon gemacht haben. Und jene jammern, dass andere vor ihnen das Gold geschürft haben.

Das meist strapazierte Zitat der 1990er war doch das von Michail Gorbatschow: „Wer zu spät kommt, den bestraft das Leben!"

Starten ist immer schwierig und meist auch anstrengend. Lernen wir einfach von anderen.

Ein Schwan wiegt gute zehn Kilogramm. Wenn er so auf dem Wasser dahingleitet, kann man sich kaum vorstellen, dass dieses prächtige Tier auch fliegen kann. Aber es kann. Es braucht aber enorm viel Energie – so viel, dass es kurz nach dem Start erst 20 bis 30 Sekunden knapp über der Wasseroberfläche schwebt, um sich zu erholen.

Die Massai haben viele Feinde. Aber sie kennen ein Tier, das keine hat, solange es gesund ist: die Gazelle. Deswegen ahmen sie diese nach. Durch ständiges Training schaffen es die Massai, aus dem Fußgelenk (nicht aus dem Kniegelenk!) heraus bis zu einem Meter hoch zu springen. Diese Sprünge machen den Männern so viel Spaß, dass sie sie als ritualen Volkstanz den Touristen als Show darbieten.

Ein Laubfrosch springt bis zu einem Meter weit. Warum kann, warum tut er das? Nun, er sieht ein Insekt, hat Hunger und Lust auf diesen Leckerbissen. Das verleiht ihm Sprungkraft.

Einen Viererbob zu starten ist Präzision vom Feinsten. Und das machen bärenstarke Männer. Sie starten auf spiegelglattem Eis, jeder läuft die 100 Meter unter elf Sekunden, sie dürfen den Bob nicht einen Millimeter seitlich versetzen und der Letzte muss hineinspringen, bevor das Gefährt schneller wird, als er rennen kann.

Können Sie starten?

Fassen wir zusammen, was den guten Starter ausmacht und wie man lernt, ein guter Starter zu werden.

Sieben Erfolgstipps für olympische Starter-Qualitäten

1. Mache Starten zu deinem Hobby! Sammle Starter-Bilder, -Erlebnisse und -Geschichten.
2. Studiere Starter-Methoden! Im Detail steckt der Erfolg.
3. Sieh dein Ziel lebendig und motivierend vor dir! Nur Begehrenswertes macht lebendig.
4. Trainiere deine Starts! Erst Übung macht den Meister.
5. Verlange von dir mehr als von anderen! Habe einfach Spaß am Leistung erbringen.
6. Genieße es, das Feld anzuführen! Vor dir der Gipfel, hinter dir die Konkurrenz.
7. Lerne von denen, die heute noch besser sind als du! Denn aktives Benchmarking ist Pflicht und Ehre für die Elite.

Kontakte knüpfen und Neugier wecken – Akquise leicht gemacht

Schnelle Kontakte – ohne Angst, aber bitte mit Vorfreude

oder: Wie durch Eroberungslust Kontaktsperren eliminiert werden

Auf unbekannte Menschen zuzugehen, sie zwanglos anzusprechen, mit ihnen ein Gespräch anzuknüpfen und sie im Gespräch für sich zu gewinnen – das ist ein Gabe, die nur wenigen Menschen von der Wiege an gegeben ist. Doch jeder Mensch hat in sich die Anlagen zu diesem Talent. Da heißt es nur, diese Anlagen zu entdecken, sie zu trainieren und zu kultivieren. Ist der eine ein Kontakt-Naturtalent, so kann der andere ein Kontakt-Meister werden, erkennt er nur seine Talente und nutzt seine Möglichkeiten, sie zu entfalten.

Menschen haben Angst vor dem Unbekannten, häufig völlig unbewusst. Das geht auf tiefste Urinstinkte zurück. An jedem Tier ist das heute noch deutlich zu beobachten: Unbekanntes löst Fluchtreflexe aus.

Unbekanntes löst Fluchtreflexe aus

Urängste aus Schmerz

Hinter der Angst des Menschen vor den Menschen stecken aber auch Erfahrungen, die in frühester Kindheit beginnen: Die Mutter/der Vater schimpft, sie/er verbietet, sie/er verweigert, vom anderen Menschen geht nicht nur Liebe aus, nicht nur Freude und Lustgewinn. Vom anderen Menschen geht immer auch Frustration aus, Enttäuschung und Verletzung.

Mit der Lebenserfahrung wachsen die Ängste

Mit zunehmendem Alter verlagert und verstärkt sich der Schmerz, der durch andere Menschen zugefügt wird. In der innigsten Liebe unter engen Partnern schlummert die tiefste Verletzbarkeit. Niemand kann so verletzen wie der Mensch, der mich völlig kennt, dem ich mein Herz rückhaltlos offengelegt habe.

Doch auch „Unbekannte" können verletzen:

- Hier gibt eine hübsche Frau dem Bewerber einen Korb und verletzt seinen Stolz.
- Dort verweigert der Kunde den Termin oder den Auftrag. Der Verkäufer ist in seinem beruflichen Ehrgeiz getroffen.
- Anderswo beleidigt ein Mensch den anderen in der Wut, die sich aus einer belanglosen Situation im Straßenverkehr ergibt.
- Wieder ein anderer Mensch muss zurückstehen und einsehen, dass seine persönlichen Wünsche durch andere scheitern.
- Hier nutzt ein Vorgesetzter das Wissen schamlos aus, das er in einer scheinbar vertraulichen Situation über Mitarbeiter erlangt hat.

Verletzungen zwischen Menschen ereignen sich in tausendfacher Art. Also baut sich mit zunehmender Lebenserfahrung ein vermeintlich lebensnotwendiger Schutzwall auf: Der Mensch bekommt Angst vor seinen Mitmenschen.

Scheu vor neuen Beziehungen

Mit vielfältigen negativen Vermutungen, mit Vorurteilen, die Angst auslösen, begründet die innere Stimme die Scheu, mit Unbekannten eine „Beziehung" zu beginnen. Das führt leicht in die Isolation: Die Angst vor dem Nein blockiert dann nahezu alle neuen Kontakte. Und es bedarf großer Anstrengung, dieser Denk-, Gefühls- und Verhaltensblockade wieder zu entkommen.

Immer dabei: das Nein-Risiko

Viel Angst macht Initiativen tot

Das Leben lehrt: Bei jedem Versuch zum Kontakt, zur Gemeinsamkeit muss ein Nein einkalkuliert werden. Wer aber mag das schon gern, wenn sein Wunsch abgelehnt, wenn sein gut gemeintes Angebot ausgeschlagen wird? Die Angst vor dem Nein zeugt in den Menschen fortwährend die Angst vor neuen Kontakten. (Wie sich aus dem Nein im Kontakt mit dem Kunden für den Verkäufer neue, positive Kräfte schöpfen lassen, zeigt der Abschnitt „Neue Kräfte aus dem Nein“ ab Seite 197).

Wie angenehm ist das innere Gefühl, wenn mich ein anderer um etwas bittet. Wie schön ist es, ein Kompliment zu bekommen, also Anerkennung und Aufwertung. Wie schmeichelt es, das Interesse, das Vertrauen anderer zu erringen. Wie willkommen ist der Kunde, der von sich aus Interesse zeigt und ein Angebot einholt. Wie aber, wenn nun alle von ihrer inneren Kontaktangst zurückgehalten würden, einmal die Initiative zu ergreifen?

Kontaktanbahnung – ewiges Spiel mit dem Zufall?

Tausende von Menschen hasten unentwegt durchs Zentrum der Großstadt. Keiner kennt den anderen. Keiner achtet auf den anderen. Jeder ist mit sich, mit seinen Zielen, mit seinem „Laufzettel“ allein. Doch irgendwo spricht doch einer einen anderen an: „Wo bitte ist hier der Alexanderplatz?“

Fragen sind die hohe Schule des Kontaktens

Dreimal hat er gezögert, einmal hastete ein Angesprochener in Gedanken vertieft unachtsam weiter. Aber jetzt findet er Aufmerksamkeit, sogar ein hilfsbereites Lächeln. Und mit der Antwort und den erklärenden Handbewegungen verbindet sich unerwartet die Frage: „Woher kommen Sie denn? Wie gefällt Ihnen denn die Stadt? Bleiben Sie länger?“ So nebenbei sind schon Freundschaften entstanden, die dann über Jahre hinweg um den halben Globus ausgebaut wurden.

Nach ähnlichen Grundmustern knüpfen sich auch viele neue Einkaufs- und Verkaufskontakte: Aus der Anonymität der Masse heraus wird der „Partner“ gesucht, von dem sich vermuten lässt, dass er positiv reagiert, dass er Interesse zeigt, dass er Bedarf hat oder dass er liefern kann, dass er kaufwillig oder qualitätsbewusst und natürlich als Kunde auch zahlungskräftig ist.

Akquisition jenseits der Ablehnungsangst

Auch in der Akquisition heißt es zunächst, die Kontaktschwelle zu überwinden, die Angst vor dem Nein, die Angst vor dem unbekannten Gegenüber, von dem bislang nichts oder kaum etwas bekannt ist.

Bekanntes zieht an …

Wie herrlich ist's, Kunden zu besuchen, mit denen längst nahezu eine Freundschaft besteht. Da gibt's ein herzliches Willkommen und einen entspannten Plausch, auch wenn einmal kein Bedarf besteht, kein Auftrag erteilt wird.

Gar schrecklich aber empfinden es Verkäufer immer wieder, zu unbekannten, zu neuen Kunden zu gehen: Wer weiß schon, wie das ausgeht? Wer weiß schon, was es dort zu hören gibt? Wer weiß schon, wie so ein unbekannter Kunde reagiert?

… Unbekanntes stößt ab

Wer kennt sie nicht, die Urangst davor, abgelehnt zu werden? Wer kann es schon locker wegstecken, kurz und bündig abgefertigt, beim Entscheider gar nicht vorgelassen zu werden. Erfolgreich verkaufen heißt aber, immer wieder das Unbekannte erfolgreich gewinnen:

- Neue Kunden müssen gewonnen werden.
- Bei altbekannten Kunden übernimmt ein neuer Einkäufer den Kontakt – er ist zu gewinnen.

- Ein Stammkunde wird von einem Großunternehmen übernommen, völlig neue Einkaufsabteilungen sind plötzlich zuständig und nun heißt es, diese zu gewinnen.

Altbekannte Kunden sterben langsam aus

Scheut sich der Verkäufer, vor neuen Gesprächspartnern einen ersten Auftritt zu wagen, so wird er nach und nach seinen Kundenstamm verlieren. Kein Markt, kein Bezirk, kein Kundenstamm, der nicht immer wieder den „ersten Auftritt“ fordert.

Das Geheimnis erfolgreicher Kontakte unter den Verkäufern liegt darin, dass sie teils angeboren instinktiv, andererseits aber auch sorgsam antrainiert und eingeübt die unendlich vielfarbige Palette an Verhaltensweisen nutzen, mit denen sich Kontaktwiderstände erfolgreich ausräumen, zumindest aber reduzieren lassen.

Beziehungsmanagement fordert Vertrauensvorschuss

Für ein konsequentes Beziehungsmanagement benötigt der Verkäufer vom ersten Anfang an gut ausgebaute Wege, den Kunden zu gewinnen, Vorurteile und Ablehnungen beim Kunden auszuräumen. Beziehungsmanagement fordert Vertrauensvorschuss und eigene kommunikative „Investitionen“ vom ersten Kontaktaugenblick an.

Die Zauberformel lautet: Bekanntes zieht an, Unbekanntes stößt ab

Kennen wir eigentlich unsere Kunden gut genug? Wie gut kennen wir gar unsere potenziellen Kunden? Und wie gut kennen unsere Kunden und unsere zukünftigen Kunden ihrerseits uns: das Unternehmen, dessen Philosophie, den Verkäufer, das Produkt? Wie bekannt sind sich beide Seiten? Wie frei können sich dadurch anziehende Kräfte zwischen beiden entfalten?

Persönliche Ansprache baut Widerstände ab

Der erste Schritt zum Kontakt ist gewiss der schwierigste. Schon mit der ersten positiven Reaktion des neuen Gegenübers aber schwindet die Angst. Diffus im Inneren kommt Freude auf: Da macht sich die Genugtuung bemerkbar, die eigene Angst besiegt zu haben.

Erst der Anlauf, dann der Stolz

Da klingt die Freude an, den ersten Schritt gewagt zu haben. Es kommt so etwas wie Stolz auf, weil jemand auf meinen ersten Anlauf reagiert, weil da jemand antwortet, Fragen stellt und so meine Kompetenz anerkennt. Damit wertet er mich auf, das macht innerliche Freude. Jetzt kann ich mein fundiertes Wissen dem Partner vermitteln und schon habe ich „Heimvorteil", schon bin ich auf meinem sicheren Gebiet und fühle mich „zu Hause". Das Fremde ist verflogen. Die Angst vor dem neuen Kontakt mit dem Unbekannten war unbegründet.

Kunden ihrerseits fühlen sich aufgewertet, wenn sie mit einem auf sie persönlich zugeschnittenen Angebot angesprochen werden. Wann immer es geht, wird natürlich dieses Angebot personalisiert, das heißt, der Kunde wird darin mit Namen und mit seinem Titel, seiner Position angesprochen. Ganz entscheidend dabei ist: Der Name muss korrekt sein, richtig geschrieben. Lässt sich das nicht prüfen, dann lieber einmal auf die persönliche Anrede verzichten.

Der Name des Kunden: Korrekt oder gar nicht

Namentlich angesprochen fühlt sich der Kunde beachtet und als wertvoll eingestuft. Er erlebt, wie sein Bedarf, seine individuellen Wünsche wahrgenommen und maßgeschneidert mit einem möglichst individuellen Angebot beantwortet werden.

Kunden streunen durch ausdifferenzierte Märkte

Die erfolgsbestimmende Verkaufskompetenz der Zukunft liegt in der Kenntnis des Kunden bzw. des zu gewinnenden Kunden und seines Umfeldes. Die Informationen über die Kunden, die Zielgruppen und deren Umfelder werden sich in den kommenden Jahren mehr und mehr verfeinern. Zielgruppen werden immer detaillierter aufgegliedert.

Selbst innerhalb ein und derselben Zielgruppe wird es noch unterscheidbare „Märkte" geben: Die Kunden einer Gruppe verhalten sich völlig unterschiedlich, je nachdem, welche Art von Bedarf sie gerade decken wollen.

Die Schätze von heute: Adressen statt Geld

Von „fraktalen Märkten" sprach Gerd Gerken, ein bekannter deutscher Trendforscher in den 1990er Jahren. Kunden wollen individuell betreut, beliefert und vor allem bedient werden. Lieferanten müssen Streuverluste weiter und weiter reduzieren. Sorgsam aufgebaute und penibel geführte Kunden- und Interessentendateien sind schon heute die bestgehüteten Schätze der Unternehmen.

Bekanntheit und gutes Image öffnen Tür und Tor

Der Erfolg eines Unternehmens wird in Zukunft aber auch davon abhängen, ob der Kunde und der zu gewinnende Kunde genügend informiert über das anbietende Unternehmen sind: Bekanntsein gewinnt für das anbietende Unternehmen ebenso an Bedeutung wie das Kennen von Interessenten und Kunden.

Je bekannter, desto besser

Pressearbeit, Public Relations, kontinuierliche Präsenz und systematische Kontaktpflege – das konzentrierte Zusammenspiel von breiter Publikumsinformation, von persönlichem Besuch, von Event-Marketing und Verkaufsförderungsaktionen, von Telefonanruf, Brief und gezielten Unterlagen wie Katalogen, Preislisten, Produkt- und Unternehmensbroschüren – kurzum: Der Kommunikationsmix im Beziehungsmanagement wird darüber entscheiden, welcher Verkäufer in Zukunft offene Türen findet: „Aha, Sie kommen von der Sowieso GmbH, darüber habe ich schon viel Interessantes gehört. Gut, dass ich Sie mal persönlich sprechen kann ...“ Das Bekannte findet die offenen Türen. Das unbekannte Unternehmen tut sich schwer. Da liegen hohe Barrieren vor dem Eintritt in die Orderlisten der Kunden.

Der Verkäufer – die lebendige Verkörperung des anonymen Lieferanten

Kunden wollen nicht nur von einem zuverlässigen Unternehmen beziehen. Kunden wollen nicht nur mit dem gekauften Produkt zufrieden sein. Das Urteil des Kunden über Lieferant und Produkt wird wesentlich geprägt vom Eindruck, den er vom Verkäufer hat. Kunden wollen zu ihren Lieferanten Vertrauen haben können.

Auf Vertrauen baut der Auftrag

Der Verkäufer verkörpert für den Kunden dieses anonyme Gebilde: das Unternehmen, von dem er kauft – also „den Lieferanten“. Im Verkäufer nimmt eine anonyme Gesellschaft sichtbare, hörbare, greifbare, riechbare, „empfindbare“ Gestalt an. Dem Verkäufer gilt die primäre Sympathie. Am Verkäufer entzündet sich spontane Abneigung.

Der Verkäufer trägt die zukunftsentscheidende Aufgabe im Unternehmen: Er ist der Beziehungsmanager gegenüber Kunden.

Kunden aber sind heute wertvoller als Rohstoffe, wertvoller als neueste Produktionstechnik und letztendlich sogar auch wertvoller als noch so kompetente Mitarbeiter. Was nutzen alle Ressourcen dieser Welt einem Unternehmen, bei dem keine Kunden kaufen?

Zukunftssichere Marktchancen ruhen auf der emotionalen Qualität, die der Verkäufer zu seinen Kunden aufbauen kann. Outfit und Auftreten des Verkäufers, seine Kontakt- und Kommunikationskunst, seine innere Überzeugung und ein durch Freude geprägtes Selbstbild sind die wesentlichen Bausteine dieser für kommende Marktkämpfe entscheidenden emotionalen Beziehungsqualität gegenüber den Kunden.

Plumpe Kontaktanbahnung bringt „rote Karte" in der Akquisition

Achten statt überrumpeln

Die wertvolle Beziehungsqualität gegenüber Kunden wird immer wieder gestört durch plumpe Kontaktversuche von Verkäufern, die ans Überrumpeln statt ans Überzeugen glauben.

Mit Hochdruckmethoden im Verkauf werden Kunden misstrauisch gemacht. Hochdruckverkäufer hinterlassen „verbrannte Erde": Der Kunde ist nach dem Reinfall misstrauisch gegenüber allen Verkäufern.

Plumpe Kontaktanbahnung, Überrumpelungstaktiken, Verkauf ohne Rücksicht auf Bedarf und Nutzen des Kunden haben im „Verkaufen mit Begeisterung" keinen Platz und keine Daseinsberechtigung.

Begeisterung zielt auf Langfristigkeit

„Verkaufen mit Begeisterung" stützt sich auf langfristige, kundenbezogene Orientierung im Verkauf und sieht in jedem Kunden den eigenständigen, den individuellen, den wertvollen Partner, den anzuerkennen, aufzuwerten, zufriedenzustellen und fürs liefernde Unternehmen zu begeistern die optimalen Langzeiterfolge fürs Verkaufen einbringt.

Gut vorbereitet – schon halb den Kontakt gewonnen

Die Alternative zu jeder plumpen Kontaktanbahnung liegt allemal in sorgfältiger, auf den jeweiligen Partner bezogener Vorbereitung der Kontaktaufnahme:

- Was für ein Mensch ist dieser Kunde?
- Was kann ich woher über ihn erfahren?

- Wo lässt sich bei ihm der erste Kontaktfaden anknüpfen?
- Was kann ihn neugierig machen?
- Welche Fragen sprechen ihn mitten in seinem „Bedürfniskern“ an?
- Wie kann ich ihm kundtun, dass mein Interesse nicht nur dem angestrebten Auftrag gilt, sondern dass ich mich für ihn persönlich interessiere, mit ihm persönlich den Kontakt und das Bedarfsgespräch suche?
- Worauf muss ich achten, dass er den Kontaktversuch als Aufwertung, als persönliche Zuwendung empfindet, nicht aber als Aufdringlichkeit?
- Was muss ich tun oder lassen, dass er meine Kontaktvorbereitungen auch nicht als Ausforschung seiner persönlichen Bereiche missverstehen kann?

Kontakte auf sicheren Fundamenten

In der sorgfältigen Besuchsvorbereitung spiegelt sich des Verkäufers Wertschätzung dem Kunden gegenüber: Ist ihm der Kunde die Mühe wert, möglichst umfassende Informationen zu recherchieren, sich Informationen zu notieren oder zu speichern, diese Informationen auszuwerten, sie zur Vorbereitung für den nächsten Besuch zu nutzen?

Erfolgsverkäufer, die ihre Kunden mögen, die stolz sind auf jeden Kunden, die Super-Quoten in der Neukundenakquisition erzielen, bekunden immer wieder, dass sie ihre Erfolge in hohem Maß der Vorbereitung zuschreiben.

Sie investieren Hingabe in die Besuchsvorbereitung. Sie haben ihre Freude daran, für jeden Besuch die Informationen zusammenzusuchen, die dem Kunden nutzen, die ihn positiv überraschen, die er bislang noch nicht kannte, die ihn begeistern für den Menschen, für das Produkt und für das Unternehmen, das dieser Verkäufer vertritt.

Von der ansteckenden Kraft der inneren Vorfreude

Die innere Freude, die Superverkäufer über die Vorbereitung in ihre Besuche einfließen lassen, springt auf den Gesprächspartner über – sei es ein Kunde, sei es „nur“ ein noch unbekannter Interessent.

Vorfreude ist vorgezogener Erfolg

Freude am Kontakt, Freude aufs Gespräch, Freude auf den neuen Menschen, den ich jetzt kennenlerne – diese Freude hat ansteckende Wirkung: Der Verkäufer, der mit Vorfreude zum neuen Kunden geht, hat die besten Chancen, schon mit dem ersten Eindruck zu gewinnen.

- Kunden merken, wer sie mit Freude besucht.
- Kunden honorieren die Freude, die ihnen jemand entgegenbringt.
- Wer sich auf den Kunden freut, der schätzt den Kunden, wertet ihn auf.
- Vorfreude wirkt sich auf Mimik und Körperhaltung aus.
- Vorfreude fließt in die Stimme beim Gruß ein.
- Vorfreude beeinflusst die argumentierende Stimm- und Tonlage während des Verkaufgesprächs.

Freude macht Freude

Mit einem runden Quantum Vorfreude lässt sich der erste Eindruck beim Interessenten, beim erhofften künftigen Neukunden schon im Voraus beeinflussen:

- Die Vorfreude macht es leicht, sich Informationen über den Kunden zu beschaffen und sie eingehend auszuwerten.
- Die Vorfreude macht es leicht, das Positive an diesem Kunden zu entdecken, ihn daher sympathisch zu finden und den Besuch mit Freude zu erwarten und zu beginnen.
- Die Vorfreude prägt schon in der inneren Vorstellung den Verlauf des Gesprächs: lebendig im Aus-

tausch der Argumente, begeisternd in der Information über den Nutzen.
- Vorfreude beflügelt und macht frisch! Aus Vorfreude bauen sich erfrischende, mitreißende Gespräche auf.
- Vorfreude zeichnet das Erfolgsbild im Voraus: Der Kunde bestellt und ist mit dem überzeugenden Produkt zufrieden.
- Aus solchen positiven Erwartungen wachsen starke Eigenkräfte, die sie wahr werden lassen.
- Vorfreude nimmt den erfolgreichen Arbeitstag vorweg bis hin zur zufriedenen Müdigkeit am Abend, der sich dann glücklich genießen lässt.

Mit Vorfreude allein allerdings lässt sich kein neuer Kunde vom Nutzen des neuen Kontaktes überzeugen. Auch die Vorfreude verhindert nicht, dass der Kunde erst per Mailing interessiert, dann per Telefon für einen Termin gewonnen und schließlich in den Gesprächen mit Neugier weckenden und überzeugenden Argumenten ans Produkt und an den Auftrag herangeführt werden muss.

Vor dem Verkauf sind alle Kunden gleich

oder: Warum Vorurteile die stärksten Verkaufsbremsen sind

„Kann man“ nur mit Menschen, mit denen „man kann“?

Beziehungen zwischen Menschen werfen immer wieder die Frage auf: Kann im Prinzip jeder mit jedem? Oder gibt es Barrieren? Gibt es grundlegende Grenzen der Anknüpfung von Kontakten?

Toleranz ist nur aller Kontakte Anfang

Jede Beziehung zwischen Menschen setzt Toleranz voraus, Toleranz bei beiden Beteiligten:

- Toleranz heißt, den anderen in seiner individuellen Eigenart zu akzeptieren, auch wenn er von den eigenen Wertmaßstäben abweicht.
- Tolerant sein, das heißt, hinnehmen, dass ein anderer nicht so ist, wie sich meine Idealvorstellung ihn/sie wünscht.
- Tolerant sein heißt, damit umgehen können und vor allem damit umgehen wollen, dass ein anderer anders ist.
- Toleranz hat mit Nachsicht zu tun, mit Einsicht, mit der Bereitschaft, mich mit dem Andersartigen zu versöhnen.
- Wer tolerant ist, kommt dem anderen entgegen.
- Wer tolerant ist, begegnet dem anderen mit Interesse, Neugier und Aufmerksamkeit.

Das Nachdenken über Toleranz führt zur Frage: Was ist eigentlich „normal"?

Zunächst ist sich weithin jeder selbst das Maß all seiner Dinge: „Ich bin ich und so, wie ich bin, das ist ‚normal'. Und alles, was nicht ist wie ich, das ist nicht ‚normal'."

Das eigene Ich ist kein Maß aller Dinge

„Normal bin ich, Sie sind anormal, und das denkt jeder von sich", behauptete Altbundeskanzler Konrad Adenauer. Mit Adenauers Weltsicht wäre die Falle der Intoleranz längst allüberall zugeschnappt. Ein Mensch mit „Sorrys" Weltsicht hätte kaum noch Chancen, zu anderen Beziehungen aufzubauen.

Was aber ist dann „normal", wenn nicht mein Ich der Maßstab sein kann? Wer setzt die Maßstäbe fürs Normale? Wo sind die Grenzen des Normalen gezogen?

Die Gedanken ignorieren Verbote

Solange sich hinter Toleranz nur innere Überlegenheitsgefühle verbergen – ehrlicherweise also als Arroganz zu bezeichnen – solange bleibt Toleranz ein Spiel mit falschen Münzen: Der Verkäufer tritt beim Kunden mit der inneren Selbstermahnung ein: „Lass ihn bloß nicht spüren, dass du ihn nicht magst. Tu so, als ob du ihn magst."

Woran denkt er die ganze Zeit während des Gesprächs? Natürlich nur, dass er diesen Kunden nicht mag und dass er es um Gottes willen bloß nicht zeigen darf, wie sehr er ihn nicht mag. Der Erfolg bei diesem Kunden ist für diesen Verkäufer blockiert.

Gedanken gehorchen keinen negativen Befehlen. Wer seinen Gedanken sagen will, was sie nicht dürfen, der ruft in ihnen nur die lebhafte Vorstellung wach von dem, was sie nicht dürfen sollen.

Schluss mit dem lila Elefanten!

Das illustrieren die folgenden Beispiele: Der Referent warnt: „Denken Sie auf keinen Fall an einen lila Elefanten!" Und schon hat ein ganzer Saal voller Menschen nur noch eines vor den inneren Augen: den lila Elefanten! Im Park erinnert ein Schild: „Betreten der Wiese verboten!" Und schon gerät der Spaziergänger in die Versuchung, die Wiese zu betreten.

Mag deine Kunden, damit sie dich auch mögen

Eine Grundsatzfrage im Verkaufstraining heißt: „Was ist wichtiger: dass der Kunde den Verkäufer mag oder dass der Verkäufer den Kunden mag?"

Ohne viel Nachdenken kommt meist einhellig die schnelle Antwort: „Natürlich dass der Kunde den Verkäufer mag!" Halt! Schon falsch! Kein Kunde wird einen Verkäufer mögen, von dem er irgendwie spürt, dass dieser ihn nicht mag.

Sympathie kehrt im Echo zurück

Aber natürlich gilt auch: Selbst wenn ein Verkäufer seinen Kunden noch so sehr mag, so besteht für diesen Kunden noch lange kein Zwang, nun auch den Verkäufer zu mögen. Doch die psychologische Forschung zeigt eindeutig: Wenn ich eine(n) andere(n) mag, dann ist die Wahrscheinlichkeit, dass sie/er auch mich mag, wesentlich höher als eine oberflächliche Sympathiekundgebung.

Gelingt es dem Verkäufer, dass der Kunde ihn mag – das heißt, dass der Kunde ihn sympathisch findet, ihn schätzt, ihn achtet und damit auch seine Eigenarten, seine Wertmaßstäbe achtet –, sind schon die Grundlagen für ein fruchtbares Gespräch gelegt.

Annehmen heißt nicht übernehmen

Die gegenseitige Achtung vor den Einstellungen des anderen heißt durchaus nicht, dass man dessen Gedanken und Einstellungen übernehmen muss. Aber man kann sie dennoch wertschätzen – nicht als die eigenen, aber als die eines anderen, als gleichwertig, nur eben anders.

Mag die Menschen, wie sie sind

Auch diese Einstellung lässt sich durch ein Zitat von Konrad Adenauer illustrieren: „Nimm die Menschen, wie sie sind. Es gibt keine anderen!"

Wieso also im Verkauf ausweichen vor exotischen Kunden, deren Denkweise, deren Organisationssystem nicht eigenen Usancen entspricht?

Menschen, die anders sind, tragen viel zur Freude und zur Vielfalt im Leben bei: Der Clown im Zirkus, der Maler mit seiner Sicht der Farben und der Formen, der Rockmusiker mit seinem grellen Outfit, der Opernstar mit seinen „unmöglichen" Allüren, die Folklore-Tanzgruppe in ihren bunt wallenden Trachten – sind sie nicht alle etwas „verrückt"?

An Außenseitern wird vom breiten Publikum gern akzeptiert, dass sie herausfallen aus dem 08/15 der ganz „normalen“ Gleichartigkeit. Stars müssen in vieler Augen sogar extravagant erscheinen. Sie dürfen nicht sein „wie du und ich“. Wieso also den Kunden belächeln, der seine Stressstabilität mit Yoga-Kopfständen gewinnt?

Bunte Welt ist lebendige Welt

An den Stars aus Kunst und Unterhaltung lässt sich's mit Vergnügen entdecken, dass hier andere völlig anders sind, als eigene Wertmaßstäbe dies vorgeben. Da sind Menschen bunter, witziger und fröhlicher als ich, einfallsreicher und kreativer. Da finden andere mehr Freude durch ihre Art, zu gestalten oder zu denken, sich zu präsentieren und zu leben. Das Leben zeigt Vielfalt. Wären alle wie ich, das Leben wäre ein monotones Einerlei. Wieso also über den Einkäufer die Nase rümpfen, der mit Ohrringen oder in wallender Seidenhose in die Verhandlung kommt?

Persönliche Einmaligkeit schätzen und pflegen

Im Spiegel der Vielfalt lässt sich bewusst wahrnehmen:

- Auch meine Art zu leben, ist einmalig.
- Mein Beruf, mein Job sind einmalig in der Art, wie ich sie „lebe“.

Aus dieser Sicht heraus wird klar: Jeder kann mit seinem Tun, mit seinen Produkten, mit seinen Lösungen anderen helfen, sie ergänzen, ihnen neue Aspekte vermitteln. Indem ich mich mit meiner Eigenheit anderen stelle, mich ihnen zur Verfügung stelle, indem ich die anderen mag, sie nicht ändern will – dadurch kann ich beitragen, die bunte Vielfalt zu erhalten, die das Leben interessant macht.

Erfreu dich an der Andersartigkeit

Verkäufer haben einen großartigen Job. Sie treffen den ganzen Tag lang unterschiedlichste Menschen: alteingesessene Einheimische und Zugewanderte, studierte oder handwerklich ausgebildete, ängstliche oder zuversichtliche Menschen, Frauen und Männer, ältere und jüngere, freundlichere und verschlossenere, fröhlichere oder bedrücktere, schlankere oder fülligere, graue oder bunte.

Jeder Mensch ist anders, jeder ist interessant. Die Menschen mögen, wie sie sind – hier liegt der Zugang zur Kontaktfähigkeit, die den Verkäufer erst erfolgreich macht.

Wie die Sympathie ausströmt, so kommt ihr Echo zurück

Kontakte schließen, das geht schnell und leicht, wenn ich den anderen mag, wenn ich ihn anerkenne. Meine positive Einstellung öffnet das Herz des Gegenübers. Wie man in den Wald hineinruft, so schallt es heraus.

Wohlwollende Zeichen senden und empfangen

Das gilt auch auf der Ebene von Sympathie und Kontakt. Wer Sympathie gibt, der bekommt auch Sympathie zurück. Dieses Echo an Sympathie heißt es zu erkennen; denn nicht immer zeigt es sich in den Signalen, die ich erwartete, die ich von mir selbst gewohnt bin, wenn ich Sympathie signalisieren will.

Kontakt anknüpfen heißt also Sympathie zeigen. Dazu verfügen wir über Mimik, über Gesten, über Körperhaltung und natürlich auch über Worte.

Beispiele solcher Sympathiesignale sind:

- ein freundliches Lächeln, das sich übrigens auch deutlich in der Stimme am Telefon niederschlägt;
- zustimmendes Nicken;
- ein offener, direkter, aber nicht starrender Blick;
- eine ausgebreitete, zumindest offene Armhaltung;

- die Haltung der Handflächen nach oben;
- ein fester, „engagierter" Händedruck, der ruhig für ein paar Sekunden Wärme fließen lassen darf;
- aufmerksames Zuhören mit signalisiertem Interesse (ein Nicken, ein „Aha", eine kurze Zwischenfrage, ein fragender Blick etc.);
- ehrliche Bewunderung, Anerkennung, Zustimmung bis hin zur offen gezeigten Faszination.

Sympathie verträgt weder Trommeln noch Fanfaren

Wichtig ist, bei all diesen Signalen von Sympathie: Der Verkäufer muss sich selbst dabei deutlich zurücknehmen. Sein Gegenüber steht im Mittelpunkt. Sympathie wird ausgestrahlt wie Wärme, also ohne Trompetensignale. Wer seine Sympathiesignale als Sturmfanfare ausstößt und sie affektiert herausposaunt, wird unglaubwürdig und als Großsprecher abgetan. Sein Getöse wird dem anderen nicht schmecken. Der Partner wird solche ihm unangenehmen, zu dick aufgetragenen Sympathiesignale nicht abnehmen. Der Kunde wird eher misstrauisch oder unangenehm gestimmt auf Distanz gehen. Die Kontaktebene wird also nicht erreicht.

Von der Toleranz zum Akzeptieren des anderen

So wird dann aus Toleranz das Akzeptieren des Andersartigen, das An- und Übernehmen von Neuem. Da kann ich dann unbefangen entdecken, dass andere fröhlicher sind als ich, einfallsreicher und kreativer, dass sie mehr Freude finden durch ihre Art zu leben.

Die Breite der Wertmaßstäbe ist das Maß der Breite des Erfolges

Jetzt kann ich mich fragen: Was kann ich, was will ich von anderen vielleicht lernen, also annehmen und für mich nutzen? Jetzt kann ich meine Wertmaßstäbe erweitern, sie vielleicht verschieben oder sie gar ändern, angeregt durch andere und deren Eigenarten.

Die drei Stufen bis zum perfekten Kontakt

oder: Wie sich durch Beziehungsmanagement Kunden zu Stammkunden wandeln

Der Kontaktprozess im Verkauf teilt sich in drei Phasen:

- Phase 1: Eröffnung und Selbstpräsentation
- Phase 2: Erforschung der Interessen des Partners
- Phase 3: Erfüllung der Wünsche

Für jede dieser drei Phasen sind Regeln einzuhalten, soll der Kontakt erfolgreich und für beide Beteiligten zufriedenstellend verlaufen. Wer erfolgreich neue Kunden gewinnen will, sie als Stammkunden behalten will, der muss auch die Grundgesetze fürs Anknüpfen und fürs Management von Kontakten kennen und beherzigen.

Phase 1: Die Selbsteröffnung ist aller Kontakte Anfang

Kontakte brauchen Management

Der Partner mir gegenüber will wissen, wieso ich gerade ihn anspreche. Ist das nur Zufall? Ist kein Besserer da? Warum will und kann gerade ich ihn ganz speziell beraten, ihm in seinen Problemen helfen? Sobald er das von mir erfährt, kann er sich wichtig genommen, also aufgewertet fühlen.

Mein Gegenüber will wissen, wieso gerade ich mich für fähig halte, sie/ihn zu beraten. Das aber kann sie/er nur wissen, wenn sie/er von mir etwas erfährt:

- über meine Herkunft (Erfahrungen),
- über meine Fähigkeiten,
- über die Mittel, über die ich verfüge,
- über die Gründe, weshalb ich mich gerade an ihn/sie wende.

Licht ins Dunkle

Viele Menschen erzählen so lange keinen Deut von sich, ehe sie ihr Gegenüber nicht kennen. Da ist sie wieder, die Angst vor dem Kontakt mit dem Unbekannten! Der Kunde will vom Verkäufer wissen:

- Wer spricht mich da an?
- Woher kommt sie/er?
- Wer steht dahinter?
- Wie ist sie/er einzuschätzen?
- Was habe ich zu erwarten?

Mensch statt Maschine

Wichtig ist bei dieser Selbsteröffnung nicht, wie viele Jahre jemand studiert hat, was jemand schon alles verkauft hat, wann jemand wo geboren wurde. Hier geht es nicht um den Lebenslauf. Hier geht es um das Selbst des sich vorstellenden Menschen. Der Kunde soll spüren: Hier steht ein Mensch zum Anfassen. Hier steht ein Mensch mit Wärme und Identität. Der Kunde soll vor allem aber auch spüren: Hier steht ein Mensch, der mir Nutzen bringen will, der mir Nutzen bringen kann und wird. Die Selbsteröffnung kommt beim Partner am besten an, wenn sich Parallelen ziehen lassen zwischen seinen Lebensmittelpunkten und den Mosaiksteinen der Selbstvorstellung. In der Selbsteröffnung darf es „menscheln", denn perfekte Menschen wirken kalt und unnahbar.

Der Partner registriert die menschlichen Parallelen und damit auch das Interesse an seinen persönlichen Fakten. Der Partner merkt: Da weiß jemand, mit wem er spricht. Da hat sich jemand vorbereitet und rattert keine auswendig gelernten Sätze herunter. Der Partner merkt: Da bringt sich jemand persönlich ein. Da ist jemand engagiert.

Phase 2: Das Interesse für den Kunden macht Kontakte höchst persönlich

In den letzten zehn Jahren haben sich Grundwerte in unserer Gesellschaft schneller verschoben als in den 50 Jahren davor. In den Wertvorstellungen der Menschen haben sich neue Ziele, neue Wünsche stärker in den Vordergrund geschoben, andere sind zurückgetreten. Das nennt die Fachsprache „Wertewandel".

Ganz natürlich zeigt jeder Mensch dort aufmerksames Interesse, wo eine Information auftaucht, die mit einem Wunsch, mit einem Bedürfnis zu tun hat, das in seinem persönlichen Wertesystem hoch oben rangiert.

Mit den Werten wandeln sich die Märkte

Kurz nach dem Krieg, in der Zeit des Wiederaufbaus des zerstörten Europas, nahmen Werte wie „Essen" oder „schöner Wohnen" zunächst einen hohen Rang ein. Dann folgten Prestigewerte wie zum Beispiel „tolles Auto" oder „repräsentatives Eigenheim". Inzwischen hat die Sozialforschung neue Werte ausgemacht, die heute in den Vordergrund drängen.

Zu diesen neuen Werten zählen zum Beispiel:

- ein starkes Bedürfnis nach individuellem Glücklichsein;
- der Drang nach großer persönlicher Freiheit;
- der Wunsch nach ständiger Abwechslung, die Abscheu vor Monotonie, Routine und eingefahrenen Verhaltensweisen;
- das Verlangen nach Spaß im Leben, auch im Alltag, auch am Beruf;
- der Anspruch auf garantierten Wohlstand, auf soziale Sicherheit;
- die Vorrangigkeit von Selbstverwirklichung vor Gemeinschaftsbewusstsein.

Dies sind nur einige sogenannte neuen Werte. Die Statistik zeigt: Diese Werte sind heute häufiger anzutreffen als andere. Diese Werte haben eine höhere Wahrscheinlichkeit für sich als andere. Wer diese Werte anspricht, hat höhere Chancen, aufs Interesse seines unbekannten Gegenübers zu treffen, als jener, der seine Botschaft auf Werte baut, die heute eher in den Hintergrund getreten sind.

Die Interessen sind niemals gleich

Doch jeder Mensch folgt mit seinen Interessen anderen Prioritäten: Der eine ist sicherheitsbedürftiger, der andere lechzt nach Glück, der Dritte will endlich raus aus dem grauen Alltag, dem Vierten gilt eine harmonische Partnerschaft mehr als alles andere – keiner hat haargenau die gleichen Interessen wie ein anderer.

Das heißt für den Verkäufer: Seine Argumente müssen in jedem einzelnen Gespräch die ganz individuellen Interessen des jeweiligen Gesprächspartners treffen. Das können sie aber nur, wenn der Verkäufer exakt die Interessenstruktur und damit die Erwartungshaltung des Kunden kennt, mit dem er gerade spricht.

Dazu muss er also zunächst einmal Fragen an seinen Kunden stellen und Beobachtungen sorgfältig auswerten.

Nachdem der Verkäufer sich zu Beginn des Kontaktes selbst „eröffnet" hat, fällt es nun leichter, auch den Kunden zu dieser individuellen „Eröffnung" zu bewegen: „Bevor ich Details zum Produkt vorstelle, wäre es sicher hilfreich zu erfahren: Welches ist für Sie eigentlich die wichtigste Eigenschaft, das wichtigste Kriterium im Einsatz von ..." oder: „Um Sie nun punktgenau zu beraten, sollte ich wissen ..."

Keine Sorge, der Kunde antwortet!

Art und Weise der Fragestellung dürfen aber von Anfang an keine Unsicherheit des Verkäufers enthüllen, ob ihm der Kunde antwortet oder die Auskunft verweigert.

Durch die Selbsteröffnung des Verkäufers muss im Kunden Neugier gewachsen sein, was er aus diesem Gespräch gewinnen kann. Dadurch ist er nun bereit, durch seine Antworten mitzuhelfen bei der für ihn maßgeschneiderten Präsentation auf Basis der speziell für ihn maßgeblichen Argumente.

Da kennt man mich, da bin ich jemand

Phase 3: Des Kunden Wünsche zu erfüllen macht Kontakte dauerhaft

Mit dem Abschluss beginnt erst der Kontaktmarathon im Verkauf! Verkauf wird damit heute völlig neu definiert. „Marketing ist tot", provoziert Edgar K. Geffroy, Berater aus Düsseldorf, in Fachkreisen. Er propagiert daher den neuen Begriff des „Clienting": Clienting macht den Kunden glücklich

Clienting macht den Kunden glücklich

Über den Erfolg des Unternehmens entscheidet nicht mehr der Verkauf, sondern die Qualität der Beziehungen zu den Kunden, das Beziehungsmanagement, das kontinuierliche Erfüllen der Kundenwünsche weit über den Abschluss hinaus. Denn mit dem Auftrag beginnt der herausfordernde Marathon zum Super-Selling, zur Begeisterung des Kunden für seinen Lieferanten.

Selbstverständlich kaufen Kunden, weil sie Bedarf haben, materiellen Bedarf. Güter und Dienste werden verkauft und bezogen, geliefert und bezahlt. Doch hinter dieser materiellen Seite der Lieferant-Kunde-Beziehung verbirgt sich ein weit ausufernder Bereich emotionaler Bedürfnisse. Mit dem Kauf laufen im Kunden vielschichtige psychische Vorgänge ab.

Beziehungsmanagement zielt darauf, diese Bedürfnisse des Kunden zu erkennen, sie zu erfüllen und so den Kunden glücklich zu machen – glücklich über den Kauf, glücklich über den Nutzen und den Gewinn durch den Kauf, glücklich über den Lieferanten.

Kunden wollen stolz auf ihre Lieferanten sein. Der Kunde will Spaß an der Beziehung zu seinem Lieferanten haben. Dazu bedarf es des Beziehungsmanagements. Verkaufen dient nicht der Selbstverwirklichung des Verkäufers. Verkaufen hat in erster Linie zum Ziel, den Kunden glücklich zu machen, ihn zu begeistern und ihn so zum „Fan" des Lieferanten zu machen.

Für Selbstdarstellung ist kein Platz!

Mit Begeisterung zu verkaufen ist daher die zukunftsweisende Verkaufsphilosophie, die abrückt von der schon lange überholten Selbstdarstellung im Verkauf – der Selbstdarstellung des Produkts, der Selbstdarstellung des anbietenden Unternehmens, der Selbstdarstellung auch des Verkäufers. Mit Begeisterung verkaufen ist reflektierendes Verkaufen.

Dieses reflektierende Verkaufen rückt auf charakteristische Art auch ab von der Beschreibung und vom Lob der Eigenschaften des Produkts. Verkäufer sind seit eh und je gewohnt, die Eigenschaften des Produkts zu beschreiben, sie zu erklären und sie natürlich zu loben und anzupreisen.

Jeder Verkäufer hat seine ganz eigene Art, am Produkt Eigenschaften zu betonen oder in den Hintergrund entschwinden zu lassen. Das ist die Selbstverwirklichung der Verkäufer. Das zeigt ein kleines Beispiel: Stereotyp preist ein sportlicher Verkäufer gemäß seiner eigenen Werteskala: „... die hohe Beschleunigungskraft dieses neuen Autotyps: von 0 auf 100 km/h in weniger als sieben Sekunden ..."

Der Kunde schüttelt sich innerlich, denn sein Topkriterium ist der Komfort.

Reflektierendes Verkaufen aber benutzt die Eigenschaften des Produkts nur, um Interessen des Kunden, Fragen des Kunden, Probleme des Kunden, Bedarfskriterien des Kunden zu beantworten. Das ist eine völlig andere Art, übers Produkt zu denken, übers Produkt zu reden, den Nutzen des Produkts dem Kunden nahezubringen.

Das Produkt: Eigenschaften wie ein Chamäleon

Ein Verkäufer, der immer wieder auf die für ihn selbst besonders wichtigen Eigenschaften des Produkts zurückkommt, wird häufig nur an Kunden verkaufen können, die in ihrer Wunsch-, Werte- und Bedürfnisstruktur in etwa ähnlich liegen. Super-Selling gelingt erst, wenn der Verkäufer die Sensibilität entwickelt, um die emotionalen Motive seiner Kunden erforschen, erfassen und sie dann perfekt beantworten und erfüllen zu können.

Lebensversicherungen zum Beispiel können ganz unterschiedliche Bedürfnisse der Kunden erfüllen:

- Der eine sucht das sichere Ruhekissen für Notfälle des Lebens.
- Der andere will seine Familie absichern.
- Der Dritte will seinen Hausbau kostengünstig und sicher finanzieren.
- Der Nächste hat vor allem die Steuervorteile im Visier.
- Wieder ein anderer vergleicht penibel die Renditen unterschiedlicher Geldanlagen.

Also heißt es für den Verkäufer, zunächst zu erkennen, welche Bedürfnisse, welche Werte sein potenzieller Kunde verfolgt. Welche Motive stehen hinter dem Interesse und der Gesprächsbereitschaft des Kunden? Erst dann kann der Verkäufer gezielt, treffend und auch erfolgreich argumentieren.

Ein weiteres Beispiel stammt aus dem Lkw-Verkauf:

- Eine große Spedition legt Priorität auf die Wirtschaftlichkeit.
- Ein anderes Fuhrunternehmen nimmt etwas höhere Kosten durchaus in Kauf, Hauptsache, die Fahrzeuge sind unübertrefflich zuverlässig.

Gleiches Produkt, völlig unterschiedliche Werte

- Beim dritten Verkaufsgespräch trifft der Verkäufer auf einen Unternehmer, der selbst fährt. Er will daher Komfort, er will ein individuelles Fahrerlebnis, Zugkraft, Wendigkeit, Bedienungskomfort, reiche Ausstattung, die auf langen Strecken die Langeweile vertreibt.

Reflektierendes Verkaufen ist eines der Kernelemente im Super-Selling, im künftigen Erfolgsverkauf in hart umkämpften Märkten. Denn reflektierendes Verkaufen stellt sich ein auf die emotionalen Bedürfnisse, die den Kunden des dritten Jahrtausends charakterisieren. Reflektierendes Verkaufen entspricht dem „emanzipierten Kunden“ im dritten Jahrtausend des Gregorianischen Kalenders.

Interfusion mit emanzipierten Kunden

„Interfusion“ nennt das Gerd Gerken, und er meint damit, dass sich Lieferanten mit ihren Kunden „zusammenschließen müssen zu symbiotischen Verbindungen aus Kunden, Benutzern, Herstellern, An- oder Verwendern und auch Betroffenen“.

Die Einbeziehung der Betroffenen in die Verkaufsargumentation führt hinüber in völlig neue Dimensionen des Verkaufens. Betroffen von einem Kauf sind nämlich nicht nur Lieferant und Kunde.

Am Beispiel eines Lkw wird das schnell deutlich: Betroffene sind alle Verkehrsteilnehmer, wenn der Lkw durch zu geringe Zugkraft die Straßen blockiert. Betroffene sind alle Menschen entlang der Straßen, wenn der Lkw zu viele Schadstoffe ausstößt und ein zu lautes Motorgeräusch entwickelt. Betroffene sind die Steuerzahler, wenn der Lkw am Ende seiner Lebensdauer mehr Material als nötig enthält, das nicht wiederverwertet werden kann und auf Deponien gelagert werden muss.

Bei weithin identischen und austauschbaren Produkten entscheidet die emotionale Bindung zwischen

Lieferant – verkörpert durch Verkäufer! – und Kunde über den Wiederkauf. Durch die bewusst aufgebaute und gepflegte Qualität und Dichte der Beziehung werden Kunden zu Stammkunden. Diese Beziehungsqualität aber entsteht nicht allein durchs Verkaufsgespräch.

Beziehung pflegen auf allen Kanälen

Hier wirken entscheidend mit: Beratung und Betreuung nach dem Kauf zwischen den Außendienstbesuchen, zum Beispiel über Telefon in Form einer Hotline, über Mailings, über Kundenzeitschriften oder Fach- oder Service-Informationen, ebenso aber auch über Berichte in der Presse über die Produkte, über das Lieferunternehmen (ausführliche Anregungen zu den Medien dieser neuen Beziehungsqualität und darüber, wie sie durch Service aufgebaut werden kann, lesen Sie im Abschnitt „Dem Kunden Dienste leisten“, Seite 155).

Die alltägliche Sprache gibt immer wieder wertvolle Hinweise auf Zusammenhänge: Stimmt die Beziehung zum Kunden, dann wird er viel beziehen.

Gelingt es, die Interessen des Kunden, seine Erwartungen, seine Wünsche, seine Bedürfnisse exaktzutreffen, gelingt es, ihn auf der geschäftlichen, auf der generell als rational definierten Ebene zufriedenzustellen, so öffnet sich im Kunden auch die emotionale Ebene: Der Kunde hat ein gutes Gefühl. Der Kunde ist glücklich über seinen Kauf, über den Lieferanten, über die Betreuung, über den Service.

Die Interessen des Kunden zu erkennen ist eine Frage der Kontaktherstellung. Die Interessen des Kunden treffend und individuell zu beantworten ist eine Frage der Argumentation.

Kunden wollen glücklich bleiben

An den Argumenten des Verkäufers bildet sich der Keim der Stammkundenbeziehung. Der überzeugte Kunde bleibt, der überrumpelte Kunde bereut und sucht nach dem verlässlicheren, dem vertrauenswürdigeren Partner für eine tragfähige Lieferbeziehung.

Neugier schafft Kaufgier

oder: Warum die Kunst, Neugier zu wecken, schneller zum Auftrag führt

Einkäufer sind es oft leid, immer wieder Verkäufer empfangen zu müssen, die nichtssagend sind, die sie mit reinem Ich-Gequatsche sogar stören. Sie halten sie von wichtigeren Aufgaben ab. Schnell schaltet der Einkäufer auf Gegenwehr, er weiß ja, dass – aus seiner Sicht – alle nur das Eine wollen: sein Geld.

Da kommt leider ein Langeweiler nach dem anderen. Grau in Grau. Da gibt es Verkäufer, die ihre Visitenkarte schon beim Gruß in der Hand halten und fragen, ob sie ihr Produktprogramm einmal vorstellen dürften. Devot sitzen sie am Besprechungstisch, die Hände im Schoß vergraben, und hoffen mit aufgesetztem Dackelblick auf des Einkäufers erlösendes Erbarmen: „Machen Sie mal ein Angebot!“

Immer zuerst sich selbst verkaufen, dann das Produkt!

Selten fliegt die Sympathie vom Produkt auf den Verkäufer. Für das Produkt selbst sind ja andere verantwortlich.

Fürs begeisternde Verkaufen gilt: Verkaufe erst dich selbst, verkaufe das Gespräch, dann das Produkt!

Und genau in der Reihenfolge, nicht anders. Der Kunde schließt fast immer aufgrund seines ersten Eindrucks – und den kann er nur von uns haben! – auf die wohl kommenden Inhalte unseres Gesprächs. Schon als Mensch müssen wir spannend erscheinen, vielsagend wirken, Neugier provozieren.

Neugier ist eine ganz besondere Kraft

Zuweilen zeigt sich bei der Kontaktaufnahme der direkte Weg zur persönlich bezogenen Ansprache blockiert. Dann lässt sich der menschliche Urinstinkt der Neugier als Aufhänger der Kontaktanbahnung nutzen: Neugier ist „Hunger der Seele". Gegen Neugier ist kein Mensch gewappnet.

Auch im Wecken von Neugier liegt Zuwendung, liegt der Beweis fürs Interesse am Kontakt mit dem Angesprochenen. Dabei kommt es natürlich auf die Form dieser Zuwendung an: Mit Plattheit, mit Aufdringlichkeit, mit Plumpheit ist schnell mehr kaputtgemacht, als gewonnen werden sollte. Gegen Neugier ist kein Mensch immun, aber jeder hat an einer anderen Stelle seine ganz besonders durchlässige Neugier-Pforte. Wie finde ich den besten Neugier-Wecker für meinen momentanen Gesprächspartner?

Die Kunst, Neugier zu wecken

Kein Hund frisst ohne Hunger, kein Kunde kauft ohne Neugier

Neugier zu wecken, darin liegt die große Kunst der Akquisition. Sprache und Körpersprache, Gesten, Mimik und optische Signale – das Repertoire an Neugier-Weckern ist vielfältig, weit vielfältiger als das weiße Fragezeichen, das sich ein Starverkäufer der Musikbranche auf seinen schwarzen Vorführkoffer klebte. Das Spektrum an Neugier-Weckern im Sprachschatz ist weit bunter als das monotone „Jetzt dürfen Sie gespannt sein, Herr Kunde, was Sie heute Besonderes zu sehen bekommen."

Den ersten Neugierfunken zu schlagen, das ist die eine Kunst. Neugier zu schüren, sie sorgsam zum Lodern zu bringen bis zu ihrem Spannungshöhepunkt, der dann aber nicht überzogen werden darf, das ist die zweite hohe Kunst im Akquisitions- und Verkaufsgespräch.

Alfred Hitchcock demonstrierte in seinen Filmen, wie sich Spannung aus winzigen Elementen in Sprache, Bild und Handlung bis zur Grenze des Erträglichen aufbauen lässt. Seine Filme sind aber auch deswegen unübertroffene Meisterwerke, weil er auf die Sekunde genau den Moment kannte, in dem er die Neugier befriedigen, die Spannung auflösen musste, damit der Zuschauer wieder in seinen Sessel zurücksinken konnte, glücklich darüber, dass der Held noch einmal davongekommen war.

In der Andeutung liegt das Versprechen

Die hohe Kunst der Andeutung – gerade genug, um Interesse zu wecken, aber zu wenig, um schlüssige Informationen ziehen zu können, ist Grundlage für den Aufbau, *in der Andeutung* von Neugier. In der Andeutung liegt ein Versprechen für die Zukunft: Warte, warte noch ein Weilchen, dann, lieber Kunde, wirst du mehr erfahren ...

Ebenso unausweichlich entsteht Neugier, wenn im Gesprächspartner Vorstellungen geweckt werden, von denen er/sie zwar schon oft geträumt hat, die aber ob ihrer Unerfüllbarkeit immer sofort wieder verworfen wurden.

Neugier wird erzeugt, wenn versteckte Hinweise andeuten, dass scheinbar Unmögliches nun möglich sein könnte. Der Kunde wird in seinen Vorstellungen nach innen, auf eigene Wünsche, auf seine scheinbar unlösbaren Probleme gelenkt und er fängt plötzlich an, sich selbst zu fragen: „Hat er/sie etwa die Lösung für mich?“ Oder er ist schon am Überlegen: „Was wäre, wenn ...?“

Sätze, die des Kunden Neugier ködern

- „Wie würden Sie reagieren, wenn plötzlich ...?“
- „Könnten Sie sich vorstellen, dass diese hartnäckigen Fettspuren ...?“
- „Welchen Nutzen hätte . . . für Sie und Ihre ...?“
- „Was wäre eigentlich, wenn es plötzlich etwas bisher Unmögliches gäbe, nämlich ...?“

- „Haben Sie sich nicht schon oft gefragt, ob...?"
- „Stellen Sie sich einmal vor, Sie entdecken, dass ...?"
- „Würden Sie es ausprobieren, wenn ...?"
- „Haben Sie nicht schon oft gehofft, dass ...?"
- „Das kennen Sie ja auch bis zum Überdruss. Aber was wäre eigentlich, wenn jetzt plötzlich ...?"

Auch Rituale wecken Neugier

Das sind nur Beispiele, ein paar Ideen, wie man durch einige gebräuchliche Einleitungen Neugier erwecken kann. Andere Verkäufer rufen Neugier lieber mit verheißungsvollen Ritualen wach:

- Da breitet zum Beispiel der Schmuckverkäufer sorgsam sein schwarzen Samttuch auf dem Glastisch seines Kunden aus. Er streicht das Tuch vielversprechend glatt. Er zelebriert förmlich die Vorbereitung und kultiviert nahezu wortlos im Kunden die Spannung auf seine Kollektion.
- Da klebt sich ein Verkäufer ein großes Fragezeichen auf seinen schwarzen Vorführkoffer und äußert vor dem Kunden: „Sie fragen sich bestimmt, was heute ...?"
- Da stellt ein Kollege sein Köfferchen einen Meter entfernt bewundernd mit der Feststellung hin: „Heute habe ich eine besonders heiße Ware dabei!"
- Da verhängt ein Autohändler das neue Modell einen Tag vor der offiziellen Präsentation mit einem Tuch, dekoriert mit dem Hinweis: „Schauen Sie morgen noch einmal rein ..."
- Da verheißt ein Verkäufer beim Abschied dem Kunden: „Nächstes Mal habe ich für Sie etwas dabei, das Sie ..."
- Da sagt der Verkäufer am Telefon, um einen Gesprächstermin zu bekommen: „Ich möchte Ihnen gern etwas zeigen, das aus xy-Gründen für Sie recht interessant sein könnte."

Wenn Sie das Thema der Akquisition näher interessiert, dann lesen Sie in meinem Buch, „Das Powerbuch der Neukundengewinnung"! (siehe Literaturempfehlungen auf Seite 235)

Lernen aus Werbung und Literatur

Jeden Abend aufs Neue im TV: „Wir unterbrechen für einen Werbeblock. Bitte bleiben Sie dran!" Und schon zappt alles weg. Besser, Neugier weckend wirkt für den Zuschauer da schon: „Gleich nach der Werbung geht es weiter. Sie erfahren, wie man sein Kapital in einem Jahr verdoppelt!" So bleibt der Zuschauer bei diesem Sender.

Dostojewskij war Ende des 19. Jahrhunderts einer der meistgelesenen Autoren. Kunststück: Viele seiner Bücher erschienen als Fortsetzungsromane in den Tageszeitungen. Das täglich gleiche Rezept am Ende des Textes lautete: „Ein Messer fliegt durch die Luft, es landet in einem behaarten Rücken. Fortsetzung folgt."

Die Fähigkeit, Neugier zu wecken, finden wir heute überall dort, wo man uns bei der Stange halten will. An Tankstellen sammeln wir Sticker und bangen um Bälle und Sportartikel. Payback inszeniert, dass wir vor dem Einkauf immer fragen, ob man dort auch punkten kann. Und in jedem Mickymaus-Heft ist eine Fortsetzungsgeschichte, damit die Kleinen ihren Eltern in den Ohren liegen.

Überall das Gleiche: Neugier muss einfach geweckt werden. Wie auch damals bei der Frage an Radio Eriwan: „Was soll ich tun? Wenn meine Freundin zu Besuch ist, schaut meine Wirtin immer durchs Schlüsselloch." Antwort: „Machen Sie die Tür auf!"
Neugier befriedigt!

Neugier braucht Auflösung durch Antworten auf Kundeninteressen

Mit eingeübten Andeutungen oder Ritualen allein aber lässt sich natürlich nicht immer beim Kunden Neugier wecken. Da heißt es abermals, viel Vorbereitung zu investieren: Was lässt sich über den Kunden in Erfahrung bringen?

- Seine besonderen Interessen?
- Seine besonderen Bedürfnisse?
- Seine besonderen Fragen oder Wünsche?

Geweckte Neugier sucht Lösung

Unmittelbar nach dem ersten Funken aufkeimender Neugier kommt auch schon der Augenblick der Entscheidung: Nur mit dem passenden persönlichen „Interesse-Knacker" bleibt der Kunde in seiner Neugier gefangen. Nun aber gilt es, schleunigst aus der diffusen Neugier das konkrete Produkt- und Nutzeninteresse des Kunden wachzurufen.

Achtung: Spannungsbogen nicht überziehen!

Von allem Guten zu viel wird lästig. So auch das Neugier-Wecken, wenn man überzieht, fast gar sadistischen Spaß am verzweifelten Kunden hat.

Die Könner-Regeln des Neugier-Weckens lauten:

- Schnell und gezielt Neugier wecken
- Neugier, die dem Kunden Spaß macht
- Kurze Spannungspause mit fragendem Gesicht einlegen
- Strahlende (frappierende) Auflösung
- Kurze Rückkopplungsfrage stellen: „Begeistert?"

Unsere Kontaktqualität auf dem Prüfstand

oder: Per Checkliste prüfen, wie unsere Kunden zu begeistern sind

Sind wir ein liebenswürdiges Unternehmen? Sind unsere Kunden froh darüber, bei uns gekauft zu haben, bei uns zu kaufen, von uns bedient zu werden? Sind unsere Kunden von unserer Leistung begeistert? Sind unsere Kunden unsere „Fans"?

Kunden wollen ihre Lieferanten mögen

Hervorragende Lieferantenbeziehungen haben heute einen hohen Prestigewert unter Kunden. Lieferanten mit Spitzenniveau im Service werden wie Geheimtipps weitergereicht. Die Beziehungen zu ihnen werden vom Kunden sorgsam gepflegt.

Kunden durch Allianzen binden

Zwischen Kunde und Lieferant entwickeln sich Allianzen und feste Zusammenarbeit, so zum Beispiel in der Autoindustrie, wo Systemlieferanten bereits bei den ersten Entwürfen für ein neues Modell in den Konstruktionsteams mitarbeiten. Outsourcing setzt dieses Vertrauen, diese Spitzenzuverlässigkeit beim Lieferanten voraus, seine absolute Serviceorientierung.

Liebenswürdige, kundenfreundliche Lieferanten haben ihre ersten Schritte zum „liebenswerten" Lieferanten bereits hinter sich. Natürlich bedarf die äußere Form dann der substanziellen Erfüllung. Höflichkeit ohne Qualität und ohne Service baut kein Treuekapital im Kundenstamm auf.

Das Ziel heißt „liebenswert"

Per Checkliste (Seite 131) lässt sich feststellen, wie weit und wie fundiert das Unternehmen bereits auf dem Weg ist, ein „geliebter" Stammlieferant zu werden. Ist der Weg zum Beziehungsmanagement eingeschlagen oder heißt es erst noch, die Richtung dafür zu peilen?

Selbstverständlichkeiten sind noch lange keine Gebräuchlichkeiten

Die Fragen der Prüfliste klingen teils wie Selbstverständlichkeiten. Die einzelnen Mosaiksteinchen zum Beziehungsmanagement sind vielfach auch einfach. Aber gerade weil das alles so selbstverständlich anmutet, gerade deswegen wird es so oft vernachlässigt.

Das Banale wird häufig versäumt

Neue Denkweisen äußern sich nicht in großen Manifesten, sondern in den vielen Banalitäten des Alltags:

- Wie treten die Verkäufer auf?
- Wie wird der Kunde angesprochen?
- Wie wird dem Kunden eine Wartezeit „versüßt"?
- Wie wird eine überraschende Frage beantwortet?
- Wie wird ein Wunsch außerhalb der Routine behandelt?
- Wie werden Briefe verfasst?
- Welcher Umgangston herrscht am Telefon?

30 Prüffragen ... und noch viele mehr

Die 30 ausformulierten Prüfpunkte dieser Checkliste erheben nicht den Anspruch auf Vollständigkeit und auf Allgemeingültigkeit. Für jedes Unternehmen ist diese Prüfliste etwas abgewandelt und individuell aufzustellen.

Für jedes Unternehmen gibt es fünf, zehn oder auch mehr ganz individuelle Prüfpunkte, die in den Kundenbeziehungen von besonderer Bedeutung sind. Ergänzen Sie die Checkliste um diese Punkte und überprüfen Sie hier besonders intensiv den Soll-Ist-Stand.

Prüfen ... Punkt für Punkt, immer wieder

Die Prüfpunkte kreisen um die Fragen der Kontaktanbahnung, des Kontaktaufbaus, des Kontaktausbaus und der kontinuierlichen Kontaktpflege.

Diese Prüfliste legt einen wesentlichen Grundstein für den Aufbau eines systematischen Beziehungsmanagements, mit dessen Hilfe das Unternehmen das unschätzbare Kapital eines festen, treuen, zufriedenen Kundenstamms gewinnen kann.

Begeisterung wächst aus Banalitäten

Zufriedene, begeisterte Kunden sind dann Kunden, bei denen es Spaß macht, sie zu besuchen, sie anzurufen, mit ihnen im schriftlichen Kontakt zu stehen.

Mit der Kontaktqualität wächst die Kundentreue

Verkaufen auf der Basis von Begeisterung beginnt mit den Banalitäten des Alltags im Umgang mit dem Kunden und setzt begeisterte Kunden voraus. Begeisterte Kunden aber sind keine Frage der Branche oder eines gnädigen Schicksals. Begeisterte Kunden sind zufriedene, sind glückliche Kunden.

Kundenzufriedenheit, Begeisterung der Kunden über den Lieferanten, über dessen Produkt und über dessen Service sind kein Zufall, sondern sind die Früchte konsequenter, sorgfältig ausgefeilter Kontaktqualität seitens des Lieferanten.

Die Checkliste mehrfach nutzen

Zur Beurteilung der Kontaktqualität empfiehlt es sich, zu jeder Frage ein Kreuz in einer der drei Spalten zu machen – je nachdem, wie man sich selbst sieht.

Warnung vor Schönfärberei

Vorsicht jedoch vor Selbstblindheit! Die Prüfliste bringt nur fruchtbare Ergebnisse, wenn die Antworten wirklich ehrlich und ohne Schönfärberei eingetragen werden. Die Ergebnisse fallen am ehrlichsten aus, wenn gegenseitig die Prüflisten im Kollegenteam ausgefüllt werden oder „Externe“ (vertrauenswürdige Kunden? Testkäufer?) die Bögen oder zumindest Kontrolltabellen ausfüllen.

Durch Kopieren der Liste lässt sich die Prüfung der Kontaktqualität in regelmäßigen Abständen und für wechselnde Bereiche immer wieder neu durchführen.

Checkliste zur Kundenbegeisterung: „Sind wir ein liebenswürdiges Unternehmen?“

Gewissensfragen zur Kontaktqualität	trifft immer zu	trifft meist zu	trifft selten zu
1. Wir sind grundsätzlich guter Laune, im Einklang mit uns selbst, geprägt von unserem positiven Selbst- und Weltbild.			
2. Jeder Verkäufer bereitet sich auf jeden Besuch gut vor.			
3. Jeder Kunde wird mit Lächeln begrüßt – auch am Telefon.			
4. Unser Auftreten ist immer korrekt, freundlich und höflich.			
5. Unsere Erscheinung ist positiv: Kleidung, Haltung, Gestik, Mimik.			
6. Wir sind grundsätzlich körperlich fit und frisch. Wir sind wach und konzentriert und machen einen belebenden, einen aufmunternden Eindruck.			
7. Wir sind in unserer Grundstimmung (über uns selbst, über den Beruf, übers Unternehmen, übers Produkt) positiv, zuversichtlich, optimistisch. Wir glauben, dass der Kontakt gelingt, dass der Kunde sich freut, mit uns Kontakt zu haben.			

8. Unsere Verkaufsunterlagen sind gepflegt, auf dem neuesten Stand und griffbereit.			
9. Jeder Kunde, zu dem wir schon einmal Kontakt hatten, wird mit seinem Namen und mit persönlichem Bezug begrüßt.			
10. Jeder Kunde fühlt schon im ersten Augenblick, dass wir ihn gern besuchen/dass er bei uns willkommen ist.			
11. Jeder Kunde bekommt vom ersten Kontaktaugenblick an die volle Aufmerksamkeit.			
12. Der Kunde weiß von Anfang an, mit wem er spricht. Er kennt die Kompetenz seines Gesprächspartners.			
13.Wir sind gute Zuhörer. Wir achten den anderen und seine Meinung, seine Denkweisen und seine Werteordnung.			
14.Wir haben die Fähigkeit entwickelt, die Sorgen, die Nöte, die Ängste des anderen zu verstehen, zu akzeptieren.			
15. Jeder Kunde wird in seinem Anliegen von Anfang an emotional bestätigt. („Wir freuen uns, dass Sie sich an uns wenden.“)			

16. Erscheinung, Sprache und Auftreten (Verhalten) haben wir so sicher im Griff, dass wir harmonische Gespräche führen, in denen der Kunde sich wohl fühlen kann.			
17. Der Kunde wird bei Weiterreichung an den Kollegen über entstehende Wartezeiten aufmerksam hinweggetröstet. (Kaffee? Zeitschrift? Informationsmaterial? Videofilm?)			
18. Schnelligkeit ist bei uns Trumpf. (Klingelt das Telefon maximal drei Mal? Wird ein Brief nach längstens zwei Tagen beantwortet oder mit einem Zwischenbescheid darauf reagiert? Erfolgt ein Rückruf nach längstens 20 Minuten?)			
19. Flexibilität ist für uns wichtiger als die innere Organisation. (Nicht: „Das gibt es bei uns nicht“, „Das lässt sich bei uns organisatorisch nicht darstellen“, sondern: „Das werden wir für Sie sicher schaffen, Herr Kunde“ oder: „Das ist eine Herausforderung, an der wir zeigen können, was wir für Sie erreichen.“)			

20. Wir sind zuverlässig, wir halten Zusagen pünktlich ein, wir halten sie auch inhaltlich ein.			
21. Wir sind so begeistert (vom Unternehmen, vom Produkt, vom Service, vom Nutzen, den wir bringen), um auch andere begeistern zu können.			
22. Wir sind lebendig, kreativ und abwechslungsreich. Wir haben immer wieder neue Ideen. Wir sind immer wieder für eine (positive) Überraschung gut. Es macht jedes Mal neuen Spaß, mit uns zu tun zu haben.			
23. Wir sind primär am Kunden interessiert und erst sekundär am Auftrag. Die Beziehung, ihre Dauerhaftigkeit, ihre Kontaktqualität gelten für uns mehr als die Umsatzhöhe.			
24. Der Kunde wird auch beim Abschied noch mit voller Aufmerksamkeit bedient und umsorgt.			
25. Wir haben Instrumente parat, wir sind spontan bereit, unseren Kunden beim Transport, bei der Bezahlung, bei der Anoder Verwendung zu helfen.			

26. Unsere Nachkaufservice ist unübertrefflich. Kundendienst? Ersatzteildienst? Verbrauchsmaterialdienst?			
27. Wir nutzen die Hilfsbereitschaft unserer zufriedenen Kunden und bedanken uns dafür (Empfehlungen gegen Incentives, Boni, Gratislieferung etc.)			
28. Wir kommen unserem Kunden entgegen: Wir wissen, wann er wieder Bedarf hat, wann er Informationen benötigt, wo wir ihm helfen können. Der Kunde muss uns nicht nachlaufen.			
29. Wir sind immer für unsere Kunden da. Wir haben nachts und am Wochenende Anrufbeantworter- oder Fax-Bereitschaft, wir haben einen Notdienst, wir wissen, wer wo wie schnell helfen kann.			
30. Wir werten Reklamationen, Anfragen, Wünsche, Anregungen, Vorschläge unserer Kunden systematisch aus. Wir nutzen sie für Produkt- und Serviceverbesserungen, wir beziehen die Kunden in unser kontinuierliches Verbesserungsprogramm aktiv ein.			

... und viele weitere Prüffragen für Ihre Praxis, für Ihr Unternehmen, Ihre Situation, Ihre Kunden. Notieren Sie, hier ist Platz für Ihren Erfolg!	**trifft immer zu**	**trifft meist zu**	**trifft selten zu**
31.			
32.			
33.			
34.			
35.			
36.			
37.			

Im Zeichen des Internets

Einkaufen wird immer „moderner". Der sonntägliche Waldspaziergang wird ersetzt durch das Shopping im Einkaufszentrum, das Kaufen von allerlei Dingen findet über eBay-Ersteigerung statt. Kaum ein Kunde mehr, der sich nicht per Internet informiert oder gar online bestellt. Grund genug, um unsere Checkliste um ein paar Fragen zu ergänzen, denn noch gibt es für den Käufer große Unsicherheiten.

Checkliste: Macht Kaufen per Internet bei uns Spaß?

Gewissensfragen zu unserer Internet-Kontaktqualität	trifft immer zu	trifft meist zu	trifft selten zu
1. Haben wir eine einfach zu merkende Internet-adresse?			
2. Findet man uns leicht im Internet?			
3. Sind wir im Ranking ganz oben zu finden?			
4. Ist unsere Homepage schnell zu öffnen?			
5. Kann man bei uns einfach rangieren (hin und her, vorwärts und rückwärts)?			
6. Erfährt der Kunde seinen Nutzen direkt?			
7. Kann man durch Mausklick Kontakt mit unserem Callcenter bekommen?			
8. Ist unser Auftritt modern?			

9.Wird alles ständig aktualisiert?			
10. Bekommt der Kunde bei Internetanfragen (sehr) rasch unsere Reaktion/unser Angebot?			

Schritt für Schritt begeisterndes Verkaufen

Produktpräsentation – das perfekt inszenierte Gesamterlebnis

oder: Wie das neue Verkaufen den Kauf zu einem Genusserlebnis macht

Selbstverständlich gehören zum Verkaufsgespräch neben der perfekten Präsentation des Produktes auch die exakt auf den Kunden abgestellten, treffenden und präzisen Argumente. Außer dem angemessenen Tonfall und der lebendigen Modulation der Sprache fordert die wirkungsvolle Präsentation auch ihre unterstreichenden und zum Kauf auffordernden sowie den Abschluss vorbereitenden Gesten:

- Die Ware wird dabei „ehrfürchtig" präsentiert.
- Sie wird zum Beispiel im „bergenden Schoß" der hohlen Hand nach oben gehoben, quasi auf einen „Altar" gestellt.

Ware auf dem „Silbertablett"

Das Produkt auf den „Altar" stellen

Neben diesen geradezu selbstverständlichen Gesten bei der Produktpräsentation vermitteln auch symbolische Handlungen dem Kunden die erwünschte Begehrlichkeit:

- Dazu zählt zum Beispiel das liebevolle Vorlegen des Produkts, der Muster oder Modelle.
- Dazu kommt die Aufforderung an den Kunden, doch selbst anzufassen, selbst zu fühlen, zu probieren.

Wie herrlich glatt, wie sinnlich kühl und gleitend kann eine polierte Edelstahlfläche sein! Wie angenehm kann ein sorgsam ausgearbeitetes Gussteil in der Hand liegen! Wie schmeichelt federleichter Stoff aus reiner Seide der prüfenden Hand!

Fühlen begeistert, Licht gibt Glanz

Selbstverständlich sollte es sein, dass die Ware ins rechte Licht gerückt wird, soweit dies dem Verkäufer nur immer möglich ist. In den eigenen Verkaufsräumen macht das keine Probleme, erfordert nur ein Mindestmaß an Liebe und Begeisterung fürs Produkt. Im Büro des Kunden wird es schon schwieriger, seine Ware ins rechte Licht zu rücken.

Schöne Visionen statt schnöder Alltag

Entweder bittet der Verkäufer den Kunden ans Fenster oder er sieht einen Strahler und bittet, diesen doch einzuschalten: „Herr Kunde, Sie werden staunen, wie präzise jede Kante geglättet ist. Darf ich dazu einmal Ihr Licht einschalten, damit Sie es besser sehen können?“

Erstaunlich immer wieder, mit wie wenig Liebe Produkte auch dort präsentiert werden, wo der Verkäufer, der Lieferant selbst die Umgebung, das Ambiente der Präsentation gestaltet:

- Das beginnt beim Autohändler, der das Flaggschiff der Flotte neben abgenutzte Gebrauchtwagen stellt.
- Das setzt sich fort beim Ausrüster, der seine Präzisionsgeräte im Lärm und oft auch im Staub einer Produktionshalle den Kunden zeigt.
- Das endet nicht beim Reisebüro, das mit blaustichigem, grellem Neonlicht den Kunden jede Chance nimmt, von warmer Tropensonne und von der Romantik am abendlichen Strand zu träumen.

Verkaufen ist die Verführung aller Sinne

„Neues Verkaufen“ baut auf Erlebnisse, auf emotionale Beziehungen, rückt die gesamtsinnliche Freude am

Kaufen und am Verkaufen wieder ins Licht: Mit Freude verkaufen, das heißt, dass der Kunde Freude, Spaß und Genuss beim Kauf finden kann.

Diese Freude des Kunden nach dem Kauf nicht zu enttäuschen, sie nicht abflachen zu lassen, das ist Inhalt des Beziehungsmanagements, das an die Stelle des instrumental verstandenen Marketings tritt.

Verkauf als „gesamtsinnlicher Vorgang" kann heute auf vielfältige Hilfsmedien zurückgreifen:

- Hoch entwickelte Drucktechnik und meisterliche Fotografie machen eine nahezu dreidimensionale Wiedergabe abgebildeter Gegenstände möglich.
- Hologramme bilden Gegenstände plastisch ab.
- Bilder lassen sich mit dem Notebook praktisch in jedem Raum auf jedem Tisch brillant sichtbar machen.
- Animierte Computergrafiken können heute nicht präsente Gegenstände von allen Seiten, von außen und von innen, in Bewegung und in ihre Teile zerlegt vorführen.
- DVDs zaubern praktisch „aus dem Koffer" die üppigsten Traumbilder von Produktanwendungen oder vereinfachten Produktionsprozessen. Die langweilige Videovorführung von technischen Produkten wird von professionellen Video-Producern heute zur Videoverführung gestaltet, die alle Sinne des Kunden erreicht.

Emotionale Erlebnisse schaffen Kauflust

Innovative Ideen für die gesamtsinnlichen Präsentation von Produkten lassen sich am besten anhand erfolgreicher Beispiele imitieren. Sich durch die Ideen der anderen zur eigenen Verführpräsentation anspornen zu lassen, hat mit billiger Nachahmung nichts zu tun. Hier einige Beispiele zum Weiterdenken.

- Farben

Farben prägen Kaufentscheidungen

Längst nutzen Bäckereien „an der Ecke“, der verkaufsbewusste Metzgermeister und auch der Mandelröster auf dem Volksfest verstecktes Rotlicht, um ihre Waren verführerischer, frischer, appetitanregender erscheinen zu lassen.

Hersteller von Großmaschinen haben entdeckt, dass die „rationalen“ Investitionsentscheidungen für komplette Produktionsstraßen von hochrangigen Managern nach deren Gefallen an den unterschiedlichen Farben oder Formen konkurrierender Produkte getroffen wurden.

- Hintergrund, Umfeld

Was ist verwerflich daran, Artikel zu Centbeträgen, zum Beispiel ein winziges elektronisches Bauteil, auf schwarzem Samt zu präsentieren, auf dem sie plötzlich wie ein wertvoller Diamant glitzern? Was ist verwerflich daran, ein Produkt so zu gestalten, dass es dem Kunden „genüsslich in der Hand“ liegt und ihn so zum Besitzwillen verführt?

- Düfte

Düfte aus Papier und Farbe

„Den Sowieso kann ich nicht riechen!“, sagt man, wenn man jemanden nicht mag. Ursprünglich kommt der Satz – wohl aufgrund mittelalterlicher und barocker Sitten der Körperpflege geprägt – tatsächlich von den Empfindungen unseres Riechorgans. Die Sitten haben sich gewandelt, die stimmigen Worte haben sich erhalten und einen neuen, übertragenen Sinn angenommen.

All unsere Sinnesorgane – Augen, Nase, Ohren, Zunge und Finger/Haut – werden ständig mit Eindrücken aller Art bombardiert – angenehmen und erfreulichen, unangenehmen und sogar bedrohlichen. Dabei ist in den letzten 20 Jahren unser Geruchssinn empfindlicher geworden. Es wird immer weniger in öffentlichen Räumen geraucht, die Belüftung ist perfekter. Logisch, dass wir jegliche Art von Düften (Fachleute sprechen gern von der Bedeutung der „olfaktorischen" Komponente) schneller und direkter wahrnehmen.

Eine Parfümerie, in der es nach Meister Proper riecht, zieht nicht die Kunden an, die das teuere Parfum kaufen. Ein Verkäufer, der stark nach Zigaretten riecht, gewinnt Abstand zum Kunden. Der penetrante Duft nach Käsefondue und herbem Knoblauch vertreibt garantiert den Gourmet.

Mit Düften lässt sich aber auch verführen: Frauen wissen das zu nutzen, Männer wissen es zu genießen (und umgekehrt).

Die Druck- und Papiertechnik kann heute zwischen parfümiertem Papier und Duftkapseln in der Druckfarbe wählen. Das Papier verströmt seinen Duft permanent, so lang, bis er sich allmählich verflüchtigt. Duftkapseln in der Druckfarbe geben den Duft nur frei, wenn der Betrachter an einer markierten Stelle rubbelt. Dieses Verfahren hat also zusätzlich den Vorteil, dass der Betrachter des präsentierten Produkts selbst aktiv einbezogen wird. Er muss mitwirken, um das Dufterlebnis zu produzieren.

Produkte in der Vielfalt profilieren

In der Zeit gesättigter Bedürfnisse klettern jene Produkte auf der Erfolgsleiter, die Zusatznutzen bieten. Der Grundnutzen wird von vielen austauschbaren Produkten erfüllt. Wie kann sich da ein Produkt aus der austauschbaren Vielfalt herausheben?

So werden auch Düfte wieder neu entdeckt und eingesetzt, um bei Kunden deren Zufriedenheitserlebnisse auszuweiten und sie damit zu steigern. Teils erfolgt das so in die Situation integriert, dass dem

Kunden gar nicht bewusst wird, wieso er sich für dieses Produkt so deutlich mehr begeistert als für alle anderen.

- Da versprüht eine Fluggesellschaft kaum merklich mentholhaltigen Pfefferminzduft vor der Landung, um die Passagiere zu erfrischen.
- Da stellt ein Seminarhotel eine Duftlampe mit Limonenöl im Seminarraum auf, um die Teilnehmer geistig frisch zu halten.
- Da verführt der Duft frisch gebackenen Baguettes im Weinlokal zum edlen Tropfen.
- Da festigt das aus der Sprühflasche verstäubte Lederaroma beim Autokäufer den Eindruck aufwändiger, hochwertiger Innenausstattung.

Kaufreize liegen in der Luft

- Da gibt es Lebkuchenduft aus den Sprühdosen, um im Kaufhaus die vorweihnachtliche Stimmung mit ihrer hohen Kaufbereitschaft zusätzlich zu stärken.
- Da duftet der teure Bildband über die Toskana nach Lavendel, der so beim Leser den Schaugenuss erweitert und eine „erklärliche“ Sehnsucht nach dem nächsten Urlaubsaufenthalt in dieser legendären Landschaft aufkeimen lässt.
- Da hängen in Las Vegas Spielautomaten, die ein Moschusparfüm ausströmen, das die Spielleidenschaft „heiß“ hält.
- Der wirklichkeitsgetreue Duft eines Produkts strömt synchron zu dessen Videopräsentation aus der elektronisch gesteuerten Spraydüse.
- Bilder auf Papier und auch Stoffmuster können heute parfümiert werden und verströmen ihren betörenden Duft bei der leisesten Berührung.

Zum Hören und Sehen das Riechen obendrauf

Düfte in Werbung und Produktpräsentation weiten den Erlebnis- und Sinneshorizont um eine zusätzliche Dimension aus. Lesen, Bilder sehen, Töne hören, bewegte und sprechende Bilder im Video – mit dem Duft rundet sich die Präsentation um eine Dimension mehr zum Gesamterlebnis ab. Näher und näher an die Wirklichkeit heran streben perfekte Präsentationsgestalter.

- Fotos

Große Objekte, zum Beispiel Häuser oder Industrieanlagen, lassen sich auch in warm ausgeleuchteten, wohlgestellten und „gestylten" Fotos darstellen.

Fotos nutzen immer die Schokoladenseite

Dazu bedarf es beileibe nicht der leicht geschürzten Maid, beziehungslos vors Produkt drapiert. Profifotografen nutzen dazu warmes, auf keinen Fall blaustichiges Licht. Jedes Produkt oder Objekt hat seine Schokoladenseite, die jeder Verkäufer kennen sollte.

Unverständlich, welche Verschwendung mit Produktfotos weithin getrieben wird: Nackt, kalt, mit harten Schatten, un-schön und lieblos werden Produkte abfotografiert. Kalter, heller Hintergrund lässt technische Produkte in ihrer ganzen Schmucklosigkeit erscheinen. Dunkler, lichtfressender Hintergrund schluckt schwer durchschaubaren Produkten oder Zeichnungen ihre Details.

- Videospots

Erlebniswelten nehmen den Kauf vorweg

In professionell erstellten Videos (CDs, DVDs) lassen sich Produkte in verführerischen Erlebniswelten darstellen. Der Kunde wird zum Bewunderer des Produkts. Er kann sich mit den gezeigten Anwendern identifizieren und er findet sich in den Situationen der Handlung wieder.

Er hat keine technischen Super-Freaks vor sich im Bild, mit denen er niemals mithalten kann. Die Einwände des Kunden und seine Bedenken vor möglichen Bedienungsfehlern oder Umstellungsproblemen lassen sich in Handlung und Dialog einbauen und „aus neutraler Sicht“ entkräften. Darsteller im professionellen Videofilm gewinnen schnell eine „neutrale Glaubwürdigkeit“.

- Modelle

Modelle wecken Besitzwünsche

Produkte, die zu groß sind, um sie zum Kunden zu bringen, lassen sich auch als Modelle nachbauen, damit der Kunde sie anfassen und damit „in Besitz“ nehmen kann.

Wichtig dabei ist: Der Kunde sollte das Modell möglichst behalten dürfen, es nach dem Bestaunen und „Probieren“ nicht wieder an den Verkäufer zurückgeben müssen. Die Begeisterung des Juniors, der sich abends auf das Modell des Komatsu-Laders stürzt, daran die tollsten Funktionen entdeckt, soll schon so manche millionenschwere Investitionsdisposition entschieden haben.

- Vorführungen

Vorführungen lassen sich zu perfekten Verführungen inszenieren. Vorführungen müssen deswegen noch lange nicht Hard-Selling in Form der berüchtigten Verkaufsfahrten sein, bei denen gutgläubige Menschen schamlos über den Tisch gezogen werden.

Verführen durch Vorführen

Entscheidend für den Erfolg bei Vorführungen ist natürlich, dass der Verkäufer wirklich absolut sicher in der Handhabung und in der Erklärung seines Produkts ist.

Es macht einen schlechten Eindruck beim Kunden, wenn der Verkäufer erst einmal rund ums Produkt nach dem Schalter sucht, mit dem es in Betrieb gesetzt wird. Bei der Vorführung muss jeder Handgriff blind sitzen. Denn die Aufmerksamkeit ist auf den Kunden gerichtet. Die Vorführung läuft instinktiv, während sich der Verkäufer auf seine Erklärungen, auf die Fragen und Einwände des Kunden konzentriert.

Erst nach ausführlicher Erklärung, Schritt für Schritt durch verständnisprüfende Rückfragen abgesichert, lässt der Verkäufer den Kunden selbst ans präsentierte Produkt. Nichts ist schlimmer, als wenn der Kunde schon beim ersten Ausprobieren mit dem Produkt nicht zurande kommt, Bedienungsprobleme hat und sich als „gescheitert" erlebt. Da ist jede Kaufmotivation dahin.

Hantiert der Kunde dann selbst, schweigt der Verkäufer. Jetzt stört er die Entdeckungsreise des Kunden nicht durch seinen Wortschwall. Jetzt lässt er den Kunden das Erlebnis genießen, wie einfach, wie bequem es mit dem neuen Produkt ist.

Kunden genießen Erfolgserlebnisse

Allerdings beobachtet der Verkäufer mit Argusaugen jeden Handgriff des Kunden, greift bei seinen Unsicherheiten leicht unterstützend ein – stumm, wenn es geht, kaum merklich helfend, auf keinen Fall korrigierend oder gar belehrend aus der Position des Könners heraus. Das Ziel dabei ist, den Kunden so zum Erfolgserlebnis zu führen, dass dieser erlebt: „Das ist leicht. Das ist praktisch. Das kann ich sofort."

- Besichtigungen

Zelebriert wie die Vorführung wird auch die Besichtigung, wie sie vor allem bei großen Objekten im Verkauf arrangiert wird, zum Beispiel bei Immobilienobjekten, bei Produktionsanlagen oder bei Großgeräten.

Bei der Besichtigung ist es falsch, den Kunden möglichst schnell zum Objekt zu bringen. Die Besichtigung wird durch aufwertende, teils sogar staunende Beschreibungen vorbereitet.

Der Verkäufer hat sich rechtzeitig vor der Besichtigung über die Verhältnisse vor Ort kundig gemacht und dabei die Stelle gefunden, von der aus der Kunde den optimalen Gesamtblick auf die Schokoladenseite des Objekts hat. Der Verkäufer überlegt und prüft: Wie lässt sich eine Möglichkeit arrangieren, dass der Blick aufs Objekt in einem besonderen „Akt" freigegeben wird? Eine Enthüllung? Ein Roll-out? Ein kurzes Stehen bleiben vor der Ecke, hinter der das Objekt dann sichtbar wird? Spontanes Aufflammen von Scheinwerfern? Ertönen eines Tuschs?

Suspense macht Besichtigungen spannend

Mit gemessenem, hart an der Grenze der Ehrfurcht angesiedeltem Schritt geleitet der Verkäufer den Kunden dann zum Objekt. Je länger die Ungeduld des Kunden – allerdings nur auf angenehme, nicht übertriebene Art – gereizt, er auf die Folter gespannt wird, desto höher klettert das Barometer der Begehrenstriebe im Unterbewussten des Kunden.

Während er sich mit dem Kunden zum Objekt bewegt, darf der Verkäufer durchaus auch seine Bewunderung, sein Staunen, seine Begeisterung ausdrücken, ohne allerdings dabei zu übertreiben, ohne falsches Pathos: Denn der Kunde weiß genau, dass der Verkäufer das Objekt schon zigmal erlebt, schon vielen Kunden gezeigt hat. Kunden mögen nicht kaufen, wenn sie für dumm verkauft werden sollen.

Besichtigungen als besondere Erlebnisse für den Kunden zu inszenieren ist eine wichtige Aufgabe zur Vorbereitung der perfekten, der kaufanreizend gestalteten Verführung des Kunden. Daran ist nichts illegitim.

- Gebrauchsanweisung/Begleitinformation

Verschenkt und gering geachtet werden weithin in den Unternehmen die Präsentationsmöglichkeiten durch Gebrauchsanweisungen und Begleitinformationen. Die Unternehmen missachten dieses Medium offenbar nach dem Grundsatz: „Hat der Kunde einmal gekauft, dann soll er schauen, wie er zurande kommt."

Fehler im Text = Fehler im Produkt

Nicht nur, dass die zur korrekten Produktnutzung nötigen Informationen und Erklärungen meist so lückenhaft oder für den technischen Laien so unverständlich sind, dass der Ungeübte mit dem Produkt kaum zurechtkommt.

Da strotzen diese Texte – vor allem, wenn sie aus ausländischen Sprachen ins Deutsche übersetzt sind – auch noch von orthografischen und grammatikalischen Fehlern. Über die vernachlässigte, die kundenunfreundliche Gebrauchsanweisung wurde bereits viel geschrieben, ohne dass sich dadurch bislang in diesem Bereich der Produktpräsentation nach dem Kauf merklich etwas verbessert hätte. Das lässt ernüchternde Schlüsse zu auf die Einstellung der Herstellerunternehmen den Kunden, den An- und Verwendern gegenüber. Hier fehlt es an den Grundlagen für die Erfolgsphilosophie des Clienting. In Unternehmen, die den Kunden ab dem Kaufmoment so gering achten, fehlen die Voraussetzungen fürs Super-Selling. Völlig verschenkt wird mit den Begleitinformationen auch die Chance, auf diesen Informationsträgern den Kunden mit Zusatzinformationen zu erreichen:

Image gut poliert

- Da ließe sich doch auch das Lieferunternehmen präsentieren, sein Image aufbauen.
- Da ließe sich intensive Goodwill-Werbung beim Kunden anknüpfen. Es gibt kaum eine direktere Chance zum bestätigenden Nachkaufkontakt.
- Da böte sich auch die Chance, das weitere Sortiment des Lieferunternehmens zu präsentieren.
- Da ließen sich auch ergänzende Produkte vorstellen: zum Kaffeeautomat die ungebleichten Filtertüten und der magenschonend veredelte Kaffee. Dazu vielleicht sogar noch die besondere Kaffeesahne oder der Cognac zum Kaffee. Völlig unterschiedli-

che Produktbereiche können über die Beipackinformationen kreuzweise beworben werden.

Per Beipackzettel werden Zusatzkäufe angeregt

- Da böte sich die Möglichkeit, für nötiges Zubehör, für Betriebs- oder Verbrauchsstoffe zu werben. Waschmittelhersteller haben zum Teil mit den Herstellern von Waschmaschinen eine Kooperation: Probepäckchen oder ein Gutschein dafür liegen dann bei der Gebrauchsanweisung. Manche Autohersteller empfehlen ihren Kunden bestimmte Ölsorten oder Reifenfabrikate. Oder Computerhersteller empfehlen die Speichermedien eines Kooperationspartners.

Die Präsentationschancen in produktbegleitenden Informationen werden in den heute angeblich so kommunikationsperfekten Zeiten am wenigsten und mit der geringsten Professionalität genutzt. Das erstaunt umso mehr, als hier praktisch ohne Streuverluste, ohne hohen Aufwand mit ein wenig Bewusstsein und mit einigen kreativen Ideen große Erfolge zu erreichen wären.

Perfekte Medien fordern die perfekte Präsentation

Werbeaufwand spart am falschen Ende

Millionen geben manche Unternehmen für ihre Werbung und für ihr Präsentationsmaterial aus, aber an den Fotos für die Kataloge, an Preislisten oder Verkaufsmappen, an Präsentationsvideos im Verkaufs- oder Messe-Einsatz wird unverständlicherweise gespart. Wie soll mit laschen Unterlagen, mit dilettantischen Videos ein Verkäufer begeisternd argumentieren?

Viele Hotels mit optimalen Seminarräumen, dazu auch mit sach- und fachkundigem Service, präsentieren sich mit ein paar tippfehlergespickten, schattig kopierten einzelnen Blättern. Oder sie geben den Auftrag an eine Werbeagentur, die es versteht, mit berauschenden

Fotos und klassikerreifen „Leersätzen" absolute Null-Informationen für Tagungs- und Seminarplaner zu komponieren. Das Geld fliegt zum Fenster hinaus. Der Präsentationszweck wird verfehlt.

Präsentieren will überlegt und gelernt sein

Doch auch mit Präsentationsmitteln, die alle verkaufspsychologischen Forderungen erfüllen, gehen viele Verkäufer immer wieder dilettantisch um: Da werden die tollen Fotos des Produkts, der aufwändige Katalog so aufgeschlagen, dass zwar der Verkäufer sie vor sich hat, für den Kunden aber Bild und Schrift auf dem Kopf stehen.

Geht es etwa darum, dass sich der Verkäufer jetzt erst über den Bildinhalt informiert, er sich jetzt erst an den Bildern begeistert? Wen soll der Verkäufer eigentlich mit dem Verkaufsgespräch und der Präsentation „ins Bild setzen"? Sich selbst oder vielleicht besser den Kunden? Eine Produktpräsentation muss einfach abgehalten werden. Und das kann man lernen: Kein Spitzenmusiker, der vor seinem Auftritt nicht sorgfältig sein Instrument stimmt. Kein Chirurg, der nicht vor der Operation sorgfältigst die Werkzeuge vorbereitet. Kein Profi-Bergsteiger, der nicht vor dem Gipfelsturm alle Voraussetzungen zum Erfolg plant. Kein Spitzenverkäufer, der eine Präsentation dem Zufall überlässt. Er legt selbst mit Hand an bei der sorgfältigen Vorbereitung seines Exponats:

- Er wienert es,
- stellt es solitär,
- bringt es ins rechte Licht und
- zeigt es von seiner Schokoladenseite.

Seine eigene Liebe und Bewunderung überträgt sich auf den Kunden. Denn wie wollen wir Respekt und Hochachtung für unsere Produkte bekommen, wenn wir diese selbst weder haben noch zeigen!

Präsentationstechnik: Die Verkaufszukunft hat schon begonnen

Die technische Entwicklung steht nicht still, auch nicht für den Verkauf und seine Präsentationsaufgaben: Computersimulationen oder gar „Virtual Reality" versetzen den Kunden heute quasi ohne Zeitbarriere in eine Zukunftswelt: Hier kann er alle Gewinne, die das angebotene Produkt ihm bringt, bereits vorweg „real" erleben.

Die gewünschte Realität per Computer erleben

Cyberspace, Ausflüge in Virtual Realities sind bereits zum vollelektronischen Volkssport aufgestiegen. Wie lassen sie sich als künftiges Medium der Produktpräsentation im persönlichen „Rundum-Kino" hinter der „Scheinweltbrille" und mit dem elektronischen Handschuh am Computerkabel einsetzen?

Doch auch andere technische Medien unterstützen den Verkauf und helfen, für den Kunden realitätsnahe Erlebniswelten aufzubauen: So schwebt zum Beispiel per Hologramm und Laserlicht vor den Augen des Kunden das Produkt dreidimensional, aber ungreifbar im Raum. Es kann nach allen Seiten gedreht, von allen Seiten besehen, in realer Bewegung „erlebt" werden.

Im Hologramm oder vor dem Computer-Grafikbildschirm verfolgt der Kunde, wie ein Bauteil in eine Konstruktion eingesetzt und in seiner Einbauweise variiert werden kann. Beim Friseur zaubern sich durch Bildkomposition unentschlossene Kundinnen die unterschiedlichsten Frisuren auf den Kopf. Im japanischen Kaufhaus „probieren" sie Kleider nicht mehr in der Kabine vor dem Spiegel, sondern mit komponiertem Videobild.

Das Bildtelefon ist technisch längst machbar. Seine Ausbreitung hängt derzeit nur noch am Preis und an nötigen technischen Investitionen. Mobilfunk-Hersteller und Netzbetreiber bieten schon heute die Möglichkeit, mit Hilfe der UMTS-Technologie den Gesprächspartner nicht nur über das Handy zu sprechen, sondern ihn auch zu sehen. Per Videochats und Internettelefonie können wir zumindest am PC mit Freunden und Geschäftspartnern audio-visuell kommunizieren. Es ist also nur noch ein Frage der Zeit, dass sich der Interessent übers Telefon das Produkt, das ihn interessiert, auf den Fernsehbildschirm zu Hause holt.

Technische Entwicklungen öffnen neue Dimensionen

Das Produkt wird ihm von präsentationsperfekten Anbietern natürlich nicht nackt, sondern in traumhafter, in verführerischer Erlebnisumwelt per Video präsentiert. Über die Telefon-Fernkamera wird der Interessent plötzlich selbst einbezogen und in die Erlebniswelt rund ums Produkt einkopiert. Absehbare technische Entwicklungen werden in wenigen Jahren die Präsentationstechniken im Verkauf revolutionieren.

Längst etabliert ist die Beratung unter Einbeziehung des mitgebrachten Notebooks. In der Welt der Finanzdienstleistungen werden mithilfe der aktuellen Kundendaten (Alter, Familienstand, Einkommen etc.) direkt im Gespräch Berechnungen durchgeführt. Das kann recht beeindruckend sein, sofern der Kunde den Prozess nachvollziehen kann.

Viele Verkäufer sind auch in der Power-Point-Präsentation per Beamer schon recht geschickt. Das wirkt natürlich sehr professionell. Leider werden oft die technischen Möglichkeiten voll ausgereizt, wo doch dann die Präsentation selbst im Vordergrund steht anstatt Produktlösung und Kundennutzen.

Sieben Empfehlungen für die gewinnende Power-Point-Präsentation per Beamer

- Nicht die Technik, der Kunde muss dominieren! Firmenlogo des Kunden mit einblenden!
- Nicht zu viele Bilder (Charts, Slides)! Nur wenige Bilder erlauben perfekten Vortrag!
- Nicht die PPP ist im Vordergrund! Sondern Referent und Kunde!

- Nicht die Technik anderen überlassen! Selbst Beamer, Leinwand, Saalhelligkeit vorbereiten!
- Nicht zu viele Eindrücke auf einem Bild! Sonst entsteht geteilte Aufmerksamkeit!
- Nicht reine Lesetexte auf den Bildern! Meist reicht ein Wort/eine Zeile, das/die Spannung erzeugt!
- Keine Monologe halten! Der Dialog mit dem Kunden gibt die Rückkopplung!

Selbst gemacht, am besten gelernt – ausprobiert, am schnellsten gekauft

Die Lernforschung weiß seit Langem:

- Gesehenes bleibt intensiver im Gedächtnis als Gehörtes.
- FingernWas sowohl gehört als auch gesehen wird, das prägt sich intensiver ein als das nur Gesehene.
- Als weitere Methode des Lernens bietet sich das Selbsterleben, das Ausprobieren, das Selbstmachen an. In die Hand nehmen, fühlen, drehen, wenden, bestaunen – das so Erfahrene bleibt um ein Vielfaches stärker in der Erinnerung als alles Gesehene und Gehörte.

Menschen lernen mit den Finger

Des Kunden Spaß mindert keines Lieferanten Gewinn!

Verkaufen ist ein ganzheitlicher Vorgang. Im Verkauf wurden auch bisher Instrumente zur Überzeugung des Kunden genutzt. Der neue Verkauf aber setzt nicht mehr auf die versteckte, auf die „heimliche Verführung“. Der neue Verkauf nutzt sinnliche Freuden und Genüsse ganz offen. „Mit Begeisterung verkaufen“ heißt, Kaufen zum freudigen Ereignis werden zu lassen.

Was spricht dagegen, dass der Kunde Spaß beim Kauf hat? Mindert es die Erträge des Lieferanten, wenn der Kunde Freude und Genugtuung hat, dieses Produkt gerade bei diesem Hersteller oder Händler gekauft zu haben? Kostet das Produkt einen Euro mehr, wenn der

Kunde begeistert über seinen Kauf und über den „Lustgewinn“ ist, den er daraus zieht?

Dem Kunden Dienste leisten

oder: Weshalb perfekter Service wichtiger ist als das „nackte“ Produkt

Alle Welt redet vom Service: Produkte sind weithin austauschbar. Jetzt kommt es darauf an, sich als Lieferant zu profilieren, indem der Kunde den besten Service bekommt:

Heute, wo doch alles genormt ist

- An- und Verwendungsberatung
- Lieferung und Montage
- Qualitätszuverlässigkeit
- Finanzierung
- Vorverpackung und Preisauszeichnung
- Verkaufstraining
- Nachkaufbetreuung und Wartung
- Technische oder werbliche Unterstützung
- Aktionen und Events auf Abruf
- Natürlich auch Informationsangebote, möglichst über eine Hotline

Service wird mit „Dienstleistung rund ums Produkt“ übersetzt. Aus „dienen“ und „leisten“ fügt sich das Wort zusammen. Service ist die „Software“ rund ums Produkt. Die Servicequalität ist die Variable in den festen Koordinaten uniformer Produkte.

Service: viele Versprechen, wenige Dienste?

Am Service hängt die Marketingwelt

Die Verkaufswelt spricht vom Service und seiner herausragenden Bedeutung. Am Service hängt die Marketingwelt, so scheint es den geäußerten Bekenntnissen nach. Serviceorganisationen werden aufgebaut. Servicecenter werden installiert. Servicekongresse locken Hunderte von Teilnehmern.

Wie oft aber zeigt der Bedarfsfall, dass das alles nur organisatorische Luftblasen sind, alles nur Marketinggerede ist, alles nur altes Herstellerdenken in neuen Clienting-Phrasen?

Das „Dienstleisten" setzt in seiner vollen Herausforderung erst an, wenn der Kunde gekauft, ja sogar schon längst bezahlt hat.

- Mit dem Service entscheidet sich, ob dieser Kunde bei diesem Lieferanten wieder kauft.
- Mit dem Service entscheidet sich, ob's den Kunden reut, sein Geld für diesen Kauf ausgegeben zu haben, oder ob er sich freut, sich so und nicht anders entschieden zu haben, für dieses Produkt, für diesen Lieferanten.
- Mit dem Service bekommen Verkauf und Kauf die tragende Beziehungsdimension: Am Service hängt der künftige Verkaufserfolg des Unternehmens.

Guter Service lässt sich gut verkaufen

Service muss verkauft werden

Kunden sind durchaus bereit, für Servicequalität zu bezahlen – nicht unbegrenzt, nicht in jedem Fall. Das hängt ab vom Produkt, von dessen An- und Verwendung, Lang- oder Kurzlebigkeit, Erklärungs- und Betreuungsbedürftigkeit sowie vom Verkauf der Dienste und Leistungen zusätzlich zum Produkt.

Wer guten Service bietet, der muss ihn auch verkaufen, ebenso wie die gute Qualität seines Produkts. Was der Kunde nicht weiß, das macht ihn nicht begehrlich. Wie sollte der Kunde den höheren Preis akzeptieren, solange er den Zusatznutzen nicht kennt, der ihm dank der „unsichtbaren" hohen Servicequalität dieses Lieferanten geboten wird?

Am Service hängt das Beziehungsmanagement

Der Service ist für den Wiederholungskauf maßgeblich

„Beziehungsmanagement" heißt das neue Leitwort im Marketing: Nicht Verkaufen gilt als das höchste aller Ziele, sondern der Wiederverkauf, der Zusatzverkauf und der Nochmalverkauf an zufriedene, an begeisterte Kunden.

Stammkunden zu gewinnen und zu pflegen ist die Zukunftsbasis für chancenorientierte Unternehmen: Der Kunde soll zum „Fan" seines Lieferanten werden. Netzwerke zwischen Lieferant und Kunde sollen dafür sorgen, dass die Beziehung weit intensiver wird als zu Beginn der Marketingzeiten, als Märkte globalisiert wurden, das Produkt und sein Nutzen im Vordergrund standen, die „Denke" des Lieferanten aber häufig mit Lieferung und Bezahlung endete.

Das Marketing weitet sich somit aus zum allgegenwärtigen „Sales Spirit": Jeder Mitarbeiter im Unternehmen, vom Pförtner bis zum Chef, vom Verkäufer bis zum Wartungstechniker, von der Telefonistin bis zum beratenden Ingenieur, von der Konstruktion bis zur Qualitätskontrolle, vom Pressesprecher und vom Lieferfahrer bis zum Kundenkontenverwalter, muss davon beseelt sein.

Das Gesamtbild eines Unternehmens wird durch die Summe aller Kontakte geprägt, die sowohl Kunden als auch Noch-nicht-Kunden und ebenso die Öffentlichkeit mit diesem Unternehmen haben – individualisieren statt globalisieren!

Sales Spirit ist Service, ist weit mehr als Kundendienst

Der Begriff „Service" umfasst dabei weite Bereiche dieser Kontakte, nicht nur den Bereits-Kunden gegenüber.

- Service bietet die kundengerechte Nutzungsanleitung, die statt der bekannten unleserlich klein gedruckten, in gebrochenem Deutsch formulierten und somit unverständlichen Gebrauchsanweisung dem Produkt beiliegt.

Service wird zur Begierde

- Service bietet die Hotline, vielleicht sogar über eine 130er-Rufnummer, über die der Computernutzer auch abends und am Wochenende Expertenhilfe abfragen kann.
- Service liegt in der Lieferpünktlichkeit oder notfalls im rechtzeitigen Anruf, wenn sich einmal ein Lkw verzögert. Zugleich ist eine Lösung des entstandenen Problems anzubieten.
- Service zeigt sich in der Dankeskarte, die statt eines anonymen Kontrollzettels in der Packung liegt. „Danke, dass Sie dieses Produkt gekauft haben. Danke für Ihr Vertrauen."
- Service äußert sich in der Betreuung durch die Bank, die beim halb zurückbezahlten Kredit bereits auf neue (günstigere) Finanzierungs- oder Anlageangebote hinweist. Service bietet die Lebensversicherung, die rechtzeitig vor dem Prämiensprung den Versicherten noch auf die Möglichkeit zur vorteilhaften Summenerhöhung ohne Gesundheitsprüfung hinweist.
- Service bietet der Maschinenhersteller, der notfalls über Nacht das Ersatzteil für wenige Cent und den Garantietechniker an den Einsatzort bringt, um Stillstandzeiten zu vermeiden oder zu verkürzen.

- Service bietet die Kfz-Werkstatt, die ihren Kunden für die Reparaturzeit kostenlos ein Kleinfahrzeug anbietet, die auch rechtzeitig vor Ablauf der Garantiezeit nochmals aus eigener Initiative einen Generalcheck fürs Fahrzeug anregt.
- Service bietet das Unternehmen, das für seine Produkte umweltschonendes Recycling übernimmt und Materialkosten sparend wieder verwendet.
- Service bietet das Hotel, das für die Sekretärinnen der umliegenden Unternehmen, die häufig Tagungen buchen, Workshops über die Planung erfolgreicher Meetings durchführt.

Serviceknüller entstehen aus dem Einzelfall

Das sind nur einige ausgewählte Beispiele für kundenorientierte Serviceleistungen. Denkt ein Lieferunternehmen aus den Bedürfnissen, aus den Problemen, aus den Wünschen und möglichen Wünschen seiner Kunden heraus, so entstehen in jedem Einzelfall neue und kreative Ausprägungen für Dienste und Leistungen zum Nutzen und Vorteil der Kunden. Sales Spirit ist „Denke", Denke, die kundenfreundliches Agieren selbstverständlich werden lässt.

Mit Service Kunden binden

Von Unternehmen zu Unternehmen variieren Umfang und Ausprägung des Servicegedankens.

Kundentreue neu entdecken

Trendprognosen für die kommenden Jahre zeigen klar: Kunden werden immer kritischer, sind immer weniger bereit, gebunden zu werden – das heißt, nach Traditionen zu handeln. Unberechenbar und ohne Skrupel wechselt der Kunde für austauschbare Produkte und Leistungen seine Bezugsquelle, sofern er nicht durch Zusatzdienste, also durch Service, auch emotional an „seinen" Lieferanten gebunden ist.

Der amerikanische Management-Bestseller „Auf der Suche nach Spitzenleistungen" („In Search of Excellence") zeigt deutlich, wie sich herausragende Unternehmenserfolge immer dort einstellten,

- wo Unternehmen besondere Servicequalität erreichten;
- wo es Unternehmen gelang, ihre Kunden über Produkt-Exklusivität, über Service-Exklusivität und auch über Kommunikations-Exklusivität zu einer „eingeschworenen Gemeinde" zu vereinen.

Der Erfolg flachte ab, als diese Unternehmen ihr „emotionales Profil" verwässerten oder verloren.

Im Service zeigt sich „Kunden-Denken"

Im Service investiert ein Unternehmen „Kunden-Denken": Service, der dem Kunden wirklich Dienste leisten soll, muss aus der Sicht des Kunden konzipiert werden.

Lieferanten wechseln in die Welt des Kunden

Das heißt, das Unternehmen muss sich zunächst hineinversetzen in die Denk- und Wunschwelt seiner Kunden, es muss sich auseinandersetzen mit den materiellen und auch den emotionalen Bedürfnissen seiner Kunden. Dazu muss das Management die Kunden kennen:

- Führen die Führungskräfte im Unternehmen regelmäßig Kundengespräche?
- Oder schließen sie sich in der Führungsetage ein?

Service – das kleine bisschen Mehr

Service ist exakt das kleine (aber entscheidende) bisschen Mehr jenseits der Leistung, die jeder Kunde zu Recht und normalerweise für sein Geld erwarten kann. Unternehmen und Kunden kommen durch dieses bisschen Mehr an Dienst und Leistung in intensivere Beziehung zu- und miteinander.

- Der Kunde merkt: „Die kümmern sich um mich, die hören und reagieren auf meine Wünsche, denen bin ich Ideen-Investitionen wert."
- Der Kunde fühlt sich anerkannt und aufgewertet. Der Kunde hat das Gefühl, für sein Geld einen reellen Gegenwert zu bekommen.

Service ist nicht selbstverständlich

Verkäufern ist häufig viel zu wenig bewusst, welches Gewicht heute Serviceleistungen erreicht haben: Da bedankt sich der Kunde überschwänglich, weil der Verkäufer umdisponiert hat und trotz Eis und Nebel gekommen ist, um das Ersatzteil zu bringen und einzubauen, um teure Stillstandzeit zu vermeiden. Der Verkäufer aber antwortet dem Kunden scheinbar bescheiden: „Ist doch selbstverständlich. Gehört einfach dazu." Der Kunde, der eben im Begriff war, sich innig verpflichtet zu fühlen, bekommt die kalte Dusche, denn er hört: „War doch nichts weiter als eine Selbstverständlichkeit!" Das sagt doch dieser Satz. Nicht er als Kunde war der Mühe wert. Es war nur eine Selbstverständlichkeit!

Ganz anders das Ergebnis, hätte der Verkäufer auf den Dank des Kunden so geantwortet: „Herr Kunde, ich freue mich, dass Sie diese Serviceleistung so zu schätzen wissen. Ich habe das gern getan, besonders für Sie!"

Tue Gutes und sprich darüber!

Dieser Verkäufer hat seinen Service gekonnt „verkauft". Er hat sich damit zweifelsohne diesen Kunden intensiv emotional verpflichtet. Diese Beziehung hält in Zukunft, auch wenn der Preis einmal etwas über dem Wettbewerb liegt.

Auf Service baut sich emotionale Bindung

Die emotionale Qualität einer Kundenbeziehung sollte auch im Gespräch immer wieder angesprochen und gewürdigt werden. „Mit Ihnen arbeiten wir nun schon so lange und so reibungslos zusammen. Es bringt beiden Seiten immer wieder Nutzen, miteinander zu sprechen. Sie wissen Bescheid über Details, die wir im Service für Sie schon oft umsetzen konnten ..."

Bestätigt der Kunde erst einmal, wie zufrieden er mit dem Service ist, so hat er sich festgelegt. Jetzt muss es schon dicke kommen, ehe er sein Vertrauen so mir nichts, dir nichts entziehen kann.

Nichts spricht dagegen, auch einmal Kunden um diesen oder jenen kleinen Gefallen zu bitten. In der tragenden Beziehung freut sich der Kunde, seinem Lieferanten einen Dienst erweisen zu können. Der Verkäufer hat dadurch die offene Tür, hin und wieder ein Extra-Angebot zu unterbreiten.

Service gegen Service

Hand in Hand, Leistung um Gegenleistung – so vertieft sich der Kontakt: Service wandelt sich zum Tauschgeschäft. Beide Seiten fühlen sich einander verpflichtet. Das sind Lieferbeziehungen, die auch eine Nachfrageflaute oder einen Lieferengpass überdauern.

Unter Freunden leichter verkaufen

oder: Auf Empfehlungen gründen sich Erfolge, wandeln sich Kunden zu Multiplikatoren

Kunden wollen nicht nur materiell zufrieden sein. Kunden stellen an ihre Lieferanten auch emotionale Forderungen: Kunden wollen nach dem Kauf glücklich sein und sich freuen über den günstigen, über den richtigen Kauf, über das Produkt und die „Hilfe", die sie beim Kauf bekommen haben. Kunden wollen stolz sein auf ihre Lieferanten. Kunden wollen Spaß haben an der Beziehung zu ihrem Lieferanten.

Glück und Stolz im Verband

Kunden wollen offen und unter dem Beifall von Kollegen sagen können: „Das beziehen wir immer von der Zuverlässig AG." Das Image des Lieferanten trägt häufig mehr zur Entscheidung über einen Auftrag bei als Qualität und Preisgerechtigkeit des Produkts.

Verkaufen heute – das erkennen mehr und mehr Unternehmen und erzielen damit beste Erfolge – ist Beziehungsmanagement. Das heißt: Bei weithin identischen und austauschbaren Produkten entscheidet die Qualität der Beziehung zwischen Lieferant und Kunde über den dauerhaften Kauf. Durch die Qualität der Beziehung werden Kunden zu Stammkunden.

Die Zukunft gehört der sozialen Kompetenz

Technische und produktfachliche Kompetenzen eines Unternehmens werden überlagert von der sozialen Kompetenz: Wie geht das Unternehmen mit seinen Kunden um?

Mit Sales Spirit die Kunden binden

Das ist die neue Denkweise des Sales Spirit, die neben der Anwendung klassischer Marketingtechniken grundlegend über den Markterfolg entscheidet. Die Märkte werden immer enger. Verkaufen wird immer teurer. Die Akquisition neuer Kunden wird immer schwieriger. Das Fundament an zufriedenen Kunden wird damit immer wertvoller.

Am wertvollsten ist ein Fundament an Stammkunden, das aus sich selbst heraus expansive Kräfte zeugt: Durch Weiterempfehlungen weitet sich der Markt aus, ohne dass dabei übermäßige Widerstände zu überwinden wären. Die Neukundenakquisition wird (fast) zum Selbstläufer.

Die Frage also heißt: „Sind wir so kundenfreundlich, so serviceorientiert, so zuverlässig, so nutzbringend, ist unser Image in der Öffentlichkeit und in Fachkreisen so gut, dass sich der Kunde auch bei künftigem Bedarf wieder an uns wendet?" Die Antwort auf diese Frage formt sich beim Kunden aber bereits mit seinem ersten Kontakt, mit seinem ersten Telefonanruf, mit dem ersten Angebotsbrief, mit der ersten Terminvereinbarung.

Durch den Verkäufer, durch die Lieferung und Abwicklung, vor allem aber durch die gesamte Nachkaufbetreuung mit Beratung, Installation, Information, Bestätigung, Wartung und Kundendienst wird dieses Image eines Lieferanten dann ausgeprägt und profiliert. Kunden heute sind anspruchsvoll und kritisch. Sie achten genau und sehr bewusst darauf: „Was bin ich als Kunde dem Lieferanten wert? Wie geht der Lieferant mit mir um, mit seinem Kunden, der ihm das Geld ins Haus bringt?" (Dazu weisen die ausführlichen Überlegungen im Abschnitt „Dem Kunden Dienste leisten" ab Seite 155 eine Fülle bedenkenswerter Aspekte auf.)

Die Servicequalität bestimmt die Beziehungsqualität. Das ist das Kriterium, an dem der Kunde bewertet, ob er positiv über uns denkt – vor allem auch, ob er dann positiv von uns gegenüber seinen Kollegen spricht, uns also weiterempfiehlt. Mit der Weiterempfehlung geht der Kunde durchaus ein persönliches Risiko ein: Erfüllt der Lieferant mit seiner Leistung die durch die Empfehlung entstandenen Erwartungen nicht, so ist der Kunde gegenüber seinem Kollegen blamiert. Dieses Risiko, das Gesicht zu verlieren, geht jemand erst ein, wenn er wirklich blind auf seinen Lieferanten vertraut.

Das Zauberwort im Verkauf am Beginn des dritten Jahrtausends heißt daher „Vertrauen“ oder auch „Beziehungsprestige“:

- Heute ist es nicht mehr der Stern auf der Motorhaube des Verkäuferautos, der das Prestige des Lieferanten und seiner Produkte prägt.
- Heute ist es das Image, das Vertrauen, das ein Lieferant in seinen Beziehungen erringen kann. Wer gilt als serviceorientierter, als rundum zuverlässiger Lieferant? Wer hat den Ruf, kundenorientiert zu denken und zu handeln?

Beziehungsprestige statt Produktprestige

„Nichts ist unmöglich“

Ein Werbeslogan, der erwachen ließ, der wachrüttelte, zum Inhalt vieler Gespräche über Marken und Märkte wurde. Für die Mitarbeiter dieser weltumspannenden Organisation war dieser Halbsatz die Herausforderung schlechthin, wenn ein Kunde sagte: „Ich brauche aber mein Fahrzeug in einer Stunde wieder!“

Der Spruch wurde zur Denke, zur Maxime extrem kundenorientierten Handelns. So arbeitete sich Toyota systematisch auf die Spitzenplätze der Zuverlässigkeitsstatistiken aller europäischen Automobilverbände vor.

Der Verkäufer des Lieferanten, der sich das beste Service-Image erworben hat, findet heute offene Türen bei den Kunden. Das überlegene Service-Image entscheidet, ob der Kunde sich am Preis fürs „nackte“ Produkt festbeißt oder ob sich das Gespräch vielmehr um überlegene An- und Verwendungsberatung, um Kundendienstintervalle oder um individuell auf die Fragen des Kunden abgestimmte Informationsmedien dreht.

Die Fangemeinde aufbauen

Fans unter den Kunden sind die beste Werbung eines Unternehmens. Keine Anzeige, kein Mailing, kein noch so aufwändiger Messestand können je die

Überzeugungskraft erreichen wie die schlichte Weiterempfehlung unter Kollegen: Installateur Tüchtig aus Stuttgart sagt beim Innungstreffen zu seinem Kollegen Fleißig: „Hoscht e Problem mit de Fittings? Kauf se doch bei der Überlegen GmbH, bei dene bin ich seit fascht zwanzig Jahr. Da hat's noch nie a Reklamation gäba und die henn me au' noch nie sitze lasse, wenn's mal knifflig worde isch!“

Nichts und niemand kann als Werbemedium höher bewertet werden als solche „Fans“ unter den Kunden.

Auch Zufriedenheit braucht ihre Propaganda

Multiplikatoren sind die besten Kunden

Zufriedene Kunden sind die Boten, die den Erfolg des Lieferanten quer durch eine Branche, quer durch eine Region tragen. Verkaufen läuft dann (fast) wie von allein. Im Verkauf reduziert sich drastisch sowohl der Aufwand als vor allem auch die Vielfalt an Ideen, um zögernde Kunden doch noch zu überzeugen. Solch ein beziehungsorientierter Lieferant wird allerdings mit Sicherheit die im Verkauf nicht mehr nötigen Finanz- und Geisteskräfte in den weiteren Ausbau seiner Serviceperfektion investieren.

Allerdings gilt auch die Umkehr der Aussage über Verkaufserleichterung durch die Empfehlungen zufriedener Kunden: Unzufriedene Kunden verbreiten mit Gewissheit ihr Negativurteil am Markt noch wesentlich schneller, als dies je ein noch so überzeugter Weiterempfehler mit seinem Rat schaffen könnte. Der Inhaber eines bekannten Tagungshotels bei Nürnberg rechnet in seinen Seminaren über Mitarbeitermotivation vor:

„Jeder Geschäftsgast, der das Restaurant unzufrieden verlässt, kostet gut 100.000 Euro Umsatz pro Jahr. Das ist schnell beisammen: Der eine kommt nicht wieder, weder mit seinen geschäftlichen Gästen noch mit Familie oder Freunden. Er sagt es seinen Freunden, Kollegen und Geschäftspartnern am Ort. Die kommen mit ihren Gästen nicht wieder und sagen es ihren Partnern und Kollegen in der Umgebung. Bei einem Streufaktor von nur fünf abwertenden Bemerkungen pro „Empfänger" des Negativurteils sind schnell in einem Jahr 1.000 dem Haus entgangene Aufenthalte zusammen, jeder im Schnitt mit gut 100 Euro Umsatz."

Das Rezept des Hoteliers gegen unzufriedene Kunden: Wer eine Reklamation hat, bezahlt das komplette Essen nicht und bekommt eine Einladung ins Restaurant für ein „Wiedergutmachungsessen" mit Freunden oder Familie. Den Einwand, dass er dann ja nur noch kostenlos bewirte, widerlegt der Hotelier: „Noch nie hat jemand dies ausgenutzt oder missbraucht. Kunden sind viel fairer, als wir immer von ihnen denken. Wie man über Kunden denkt, so verhalten sie sich auch."

Empfehlungen: der wertvollste Marketingschatz

Empfehlungen durch zufriedene Kunden sind der wertvollste Marketingschatz, den ein Unternehmen gewinnen kann. Mögen fortschrittliche Patente, hoch motivierte und fachlich exzellente Mitarbeiter noch so wichtig für den Erfolg des Unternehmens sein – ohne Verkauf sind all diese Ressourcen wertlos. Im Verkauf, im Erfolg am Markt zeigt sich erst der Wert aller inneren Kräfte eines Unternehmens.

Sind die Kunden begeistert vom Produkt, sind die Kunden begierig, das Produkt zu beziehen, sagt ein Kunde dem nächsten, wie toll dieses Unternehmen seine Kunden betreut, dann gewinnen sogar Produkte noch Marktanteile, für die es bereits von einem Mitbewerber, dem aber dieses Clienting-Image fehlt, ein weiterentwickeltes Modell geben mag.

Ohne Anstöße keine Empfehlungen

Kunden kommen allerdings nicht überall von selbst auf die Idee, einen Lieferanten weiterzuempfehlen. Der Verkäufer darf, ja, er soll hier durchaus den Anstoß geben und die Verbreitung des positiven Urteils in Bewegung bringen. Das zählt zu den wesentlichen Aufgaben im Verkauf. Mit der Unterschrift unter dem Auftrag kann und darf sich heute kein Verkäufer mehr zufrieden zurücklehnen. Mit der Auftragsunterschrift des Kunden geht die aktive Kundenbindung, geht das zukunftssichernde Super-Selling erst richtig los.

Dem Verkäufer stellt sich die Aufgabe, Empfehlungen durch seine Kunden zu generieren:

Gesten verlangen Gesten

- Dem Verkäufer fällt kein Stein aus der Krone, wenn er den Kunden um Weiterempfehlung bittet, wenn er sich bei seinem Kunden mit einem netten Brief und einer kleinen Aufmerksamkeit für einen neuen Kunden bedankt, an den er empfohlen wurde.
- Durchaus legitim ist es auch, zufriedene Kunden zu bitten, ihre Zufriedenheit in einem Dankesbrief auszudrücken, der dann als Referenz eingesetzt werden kann.
- Warum nicht jährlich ein Fest veranstalten, speziell für Kunden, die weiterempfohlen haben?
- Da gibt es Verkäuferwettbewerbe. Warum nicht auch Empfehlungswettbewerbe mit lockenden Incentives für die uns wohlgesonnenen Kunden?
- Kundenclubs oder Kundenkarten, wie sie von einem schwedischen Möbel- und Wohnbedarfshaus oder von noblen Automarken fast in Perfektion vorgeführt werden, dienen in erster Linie der Motivation zufriedener Kunden, nun auch „Botschafter" ihres Lieferanten zu werden.

- Kleine Geschenke erhalten die Freundschaft. Bei Weiterempfehlungen, die zum Auftrag führen, lässt sich durchaus auch ein kreatives Geschenk rechtfertigen, solange es sich nicht den strengen Grenzen von Schmiergeld oder gar Bestechung nähert.
- Weiterempfehlungen dürfen durchaus auch materiell anerkannt werden, zum Beispiel durch einen Naturalienbonus oder durch eine Warengutschrift.

Geschickte Fragen bringen wertvolle Empfehlungen

Für Verkäufer zählt zu häufig allein der Auftrag als Erfolg. Mit Weiterempfehlungen haben sie wenig im Sinn. Verkäuferprovisionen hängen auch am Umsatz oder am Deckungsbeitrag, kaum jemals an den eingeworbenen Weiterempfehlungen. Das führt dazu, dass Verkäufer selbst bei ihren zufriedensten Kunden kaum je nach Weiterempfehlungen fragen.

Lasche Fragen bringen keine Empfehlungen

Fragen sie aber dennoch einmal, dann häufig in einer falschen, wenig hilfreichen Art: „Ach so, ja ... Herr Kunde . . ., da hätte ich noch eine Bitte an Sie: Sehen Sie, wir sind ja ganz auf Empfehlungen angewiesen. Fällt Ihnen nicht zufällig jemand ein, an den ich mich auch einmal wenden könnte?“

Devot und damit sich selbst und in der Formulierung der Bitte auch die erbetene Empfehlung zum „zufälligen Abfallprodukt“ abwertend drückt dieser Verkäufer aus, wie „lästig“ ihm die Frage ist. In seiner Negativ- und Konjunktivformulierung suggeriert er dem Kunden, dass er ja eigentlich gar keine Empfehlung erwartet. Wie soll solch eine ungeschickte, unmotivierende Frage einen Kunden dazu bewegen, Freunde oder Kollegen zu nennen, die vielleicht auch das Produkt kennenlernen wollen?

Die Frage nach Empfehlungen lässt sich auch völlig anders formulieren: „Herr Kunde, welche Faktoren am Produkt sind es eigentlich, die für Ihre Zufriedenheit die wichtigsten sind?“

Mit der Antwort bestätigt der Kunde nun seine Zufriedenheit und gibt zudem noch die nützliche Information, worauf er besonderen Wert legt. Nun baut der Verkäufer weiter auf:

„Können Sie sich vorstellen, dass es Menschen oder Firmen gibt, für die diese Faktoren, dieses hochwertige Produkt insgesamt, genauso wichtig sind wie für Sie?“

Die Möglichkeit, dass auch andere profitieren, kann sich jeder zufriedene Kunde sicher „so ganz generell“ vorstellen.

Nun wird der Verkäufer präziser und grenzt ein: „Wem in Ihrem Bekanntenkreis, wem unter Ihren Kollegen kann denn die Beratung ebenso nutzen wie Ihnen? Wem gönnen Sie denn diesen Service auch?“

Kunden- und Selbstaufwertung

Kein Konjunktiv in diesem Satz! Selbstsicher suggeriert der Verkäufer, dass es viele Menschen gibt, denen er nutzen kann. Er stellt das nicht als Möglichkeit infrage. Er wertet zudem den Kunden auf, indem er ihn zum Entscheider über eine „Gunstzuwendung“ macht. Und zudem hebt er unterschwellig die Bedeutung seiner Beratung zur wertvollen „Gunst“ empor, zum Vorzug, den jemand genießt.

Selbstverständlich notiert er die Namen, die ihm der Kunde nun nennt, sorgfältig und unterstreicht sein Interesse mit kleinen Detail- und Zwischenfragen zu den genannten Namen. Er erkundigt sich nach individuellen Eigenheiten der Genannten, er fragt, wie gut der Kunde die Genannten seinerseits kennt. Zögert der Kunde, erinnert er sich an keine Namen mehr, so versucht der Verkäufer, die Erinnerung zu wecken. Er gibt Hilfen wie zum Beispiel: „Kann es sein, dass er/sie ein Kollege aus der Innung ist … aus dem Fachverband

… ein früherer Geschäftspartner von Ihnen … über wen/was/wo haben Sie ihn denn kennengelernt … auf einer Händlerschulung? Oder …?“

Aufs Danke wartet, übers Danke freut sich der Kunde

Natürlich bedankt sich der Verkäufer für die Namen – auch wenn längst noch nicht feststeht, was diese Namen „wert“ sein werden. Der Kunde hat sich die Mühe gemacht, nachgedacht und Namen preisgegeben. Das ist ohne jedes Zögern ein aufrichtiges Danke durchaus wert. Das hat nicht die zweifelnde Abwertung verdient, zu sagen: „Tja, mal sehen, was sich da machen lässt.“ Oder gar noch einen drauf: „Mal schauen, wer davon nicht eh schon Kunde bei uns war.“ Dieser Kunde gibt so leicht nicht wieder einen Empfehlungshinweis.

Empfehlungen allerdings verpflichten: Wer sich Empfehlungen geben lässt, darf diese nicht unbearbeitet liegen lassen. Demonstrativer könnte er seinem Kunden gar nicht beweisen, wie gering er dessen Empfehlungsmühen schätzt.

Empfehlungen verpflichten!

Kunden haben es so an sich, sich beim nächsten Besuch zu erkundigen, was aus den Empfehlungen geworden ist. „Ach so … ja, ähmmm … Wissen Sie, da bin ich noch gar nicht dazugekommen, mal anzurufen.“ Schlimmer kann's dem Kunden kaum gegeben werden!

Kleine Geschenke erhalten des Kunden Freundschaft

Kommt es aufgrund der Empfehlungen zum Auftrag, dann aber sofort und ohne Zögern die Dankesgeste an den Kunden richten; nicht erst bis zum nächsten Besuch warten und dann verlegen eingestehen, dass aus der Mühe, aus der Geste des Kunden lukrative Geschäfte entstanden sind. „Danke für Ihre Hilfe. Danke für die gute Zusammenarbeit.“ Dazu eine persönliche Aufmerksamkeit, die nicht protzig sein muss: eine ausgesuchte Flasche Wein, etwas fürs Hobby des Kunden –

das Persönliche baut dabei mehr künftige Bindung auf als der hohe Preis fürs Geschenk. (Über Geschenke im Verkauf gibt es auch im Abschnitt „Kleine Geschenke erhalten Freundschaften“, Seite 203, eine Reihe von Hinweisen, sich positiv von anderen abzuheben.)

Tolle Feste formen „Fans“ im Kundenstamm

Unvergessliche Erlebnisse knüpfen feste Bindungen

Besonders intensive Kundenbindungen werden erzielt durch geschickt inszenierte Feste, neudeutsch „Events“ genannt. So präsentierte zum Beispiel eine Kärntner Bank auf dem Banken-Marketingtag in Bad Homburg ihr Modell der Kundenbindung durch Events: In professioneller Image-Arbeit baute die Bank in Klagenfurt über Jahre hinweg von ihr organisierte Opernabende, Barbecue-Dinner auf dem Wolfgangsee und ähnliche Events zu Höhepunkten des Kärntner VIP-Kalenders aus, sodass heute gilt: Wer dabei ist, ist jemand. Wer glaubt, auch „prominent“ zu sein, aber nicht eingeladen wird, der muss schon fast beleidigt sein – und marschiert mit seinen Millionen am Tag darauf zur Bank.

Mit Events (Veranstaltungen, große Erlebnisse) lassen sich intensive Beziehungen zu Kunden aufbauen und kontinuierlich festigen.

- Das kann die Händlerpräsentation sein, die statt im Stuttgarter Airport-Hotel im ägyptischen Hotel „Sharm el Sheikh“ stattfindet und trotz der zwei Zusatztage Hin- und Rückreise nur wenige Euro mehr kostet, plus den Flug zum Gruppen-Sondertarif.
- Das kann auch die Kunden-Party im Straßenbahndepot sein, mit Erlebnis-Catering aus dem Vier-Sterne-Hotel und der Möglichkeit, dass jedes „Kind im Mann“ endlich einmal selbst die Tram rangieren darf.

- Das kann die mit Fantasie und Liebe arrangierte Werksbesichtigung, der „Tag der offenen Tür“ im neuen Verkaufspavillon sein.
- Das kann das Seminar über Planungs- und Organisationstipps für erfolgreiche Meetings sein, das ein Hotel in Neu-Ulm den Sekretärinnen seiner wichtigsten Firmenkunden ausrichtet. Die Sekretärinnen, die sonst immer nur übers Telefon buchen, kommen so einmal für zwei Tage selbst ins Hotel und erleben, wie wohl sich hier die Gäste fühlen.
- Das können zig andere und immer wieder verschiedene Anlässe sein, die zu Events gestaltet werden.

Nicht Geld entscheidet den Event-Wert

Entscheidend für die Kontakt- und Bindungserfolge solcher Events ist nicht die Höhe des Aufwands. Wichtiger ist, dass der Vorstandsvorsitzende des Lieferunternehmens einmal selbst und persönlich für die Kunden zu sprechen ist, dass er einmal neben und mit ihnen am Tisch sitzt, als „Mensch unter Menschen“ erlebt werden kann.

Wichtig ist die Nähe, die im Rahmen solch eines Events zwischen der Führung und den Mitarbeitern des Lieferunternehmens und den eingeladenen Kunden hergestellt wird. Wichtig ist hier auch, dass möglichst die Kunden mit ihren Partnern oder Partnerinnen gemeinsam eingeladen werden. Der Lieferant, der die Frau des Handwerksmeisters als seine Fürsprecherin hat, macht nämlich die Umsätze mit diesem Kunden – garantiert!

Events – also positiv gestaltete Ereignisse, die für Kunden zum beeindruckenden Erlebnis werden – prägen Erinnerungen und innere Einstellung weitaus nachhaltiger als jeder Kontaktanruf, jeder Kontaktbrief oder jede aufwändige Informationsbroschüre.

Erlebnis-Marketing bleibt haften

Erinnerungen, die sich mit Events verknüpfen, haften intensiver und länger als nur in Wort oder Schrift übermittelte Informationen. Das wurde vom Max-Planck-Institut wissenschaftlich nachgewiesen.

Doch die meisten Unternehmen nutzen diese Wirkungen positiver Events noch viel zu wenig, vor allem dort, wo es um die langfristige Bindung von Kunden in den Märkten austauschbarer Produkte geht.

Wie viel leichter sind Empfehlungen zu erhalten, wenn der Lieferant seinen Kunden nicht fragen muss, an wen er zusätzlich verkaufen kann, sondern wenn er seinen Kunden fragen kann, wer sich denn ebenfalls über eine Einladung zum „Fest der Kunden und Freunde" freuen würde.

Der Kampf der Taktiken

oder: Wie man mit Selbstbewusstsein erfolgreich Einkäufertaktiken ausschaltet

Im Stehen empfangen werden

Das ist eine Erniedrigung für jeden Verkäufer. Doch haben wir es meist selbst verschuldet, wenn der Einkäufer zu uns wie zu einem Portier kommt, wir ihm unsere Visitenkarte entgegenhalten und freundlich-devot, artig-dienernd sagen: „Entschuldigen Sie, sehr geehrter Herr Kunde, dass ich hier so hereinplatze, so unangemeldet, aber ich war gerade in der Gegend und da dachte ich mir, es könnte vielleicht möglich sein, Sie für ein Gespräch kurz aus Ihrer Arbeit herauszureißen, um ein Produktprogramm vorzustellen. Ganz unverbindlich – versteht sich. Aber natürlich möchte ich Ihre kostbare Zeit nicht allzu lange in Anspruch nehmen. Denn – wie gesagt – ich komme ja völlig unangemeldet!"

Es ist eine beliebte Taktik, unliebsame Besucher im Stehen abzufertigen, ihnen keinen Stuhl anzubieten. Der Einkäufer weiß: Sobald der Verkäufer einmal Platz genommen hat, kostet es Zeit, seine Zeit.

Welches ist das schnelle Rezept, um eben nicht im Stehen empfangen zu werden?

- Wenn möglich: *nicht* unangemeldet erscheinen!

Der unangemeldete Besuch ist eine Selbst- und eine Kundenabwertung. Je höher jemand sozial gestellt ist, desto seltener macht er etwas ohne Termin. Wenn doch unangemeldet:

- Nie die Visitenkarte dem Portier überreichen!

Er wird beim Wunschgesprächspartner anrufen und sagen: „Ein gewisser Herr Kwikster ist hier ...", dabei hat er unseren richtigen Namen „Gwiasda" noch verstümmelt. Der Einkäufer bittet ihn, auszurichten, er habe keine Zeit, aber wir sollten schon einmal Prospekte dalassen.

- Den Portier bitten, selbst kurz vorsprechen zu dürfen!

Jetzt können wir uns selbst unmissverständlich vorstellen und Interesse für ein sofortiges Gespräch wecken: „Herr Kunde, hier spricht Gwiasda, Hans G w i a s d a, von der Schnell KG. Ich komme aus einem besonderen Grund!"

Jetzt liegt es an unseren Verkaufstechniken, ob sie den Einkäufer dazu bewegen, sofort Zeit für ein Gespräch zu haben. Wenn er sie nicht hat, vereinbaren wir einen Termin.

Mehr über Kontakt- und Akquisitionstechniken erfahren Sie in meinem Buch „Das Powerbuch der Neukundengewinnung" (siehe Literaturempfehlungen auf Seite 235).

Jedem seine Widerstände!

Jeder Kunde kontaktet anders

Kontakthindernisse liegen durchaus nicht immer in Person und Auftritt des Verkäufers begründet. Manche Kunden haben stärkere Kontaktwiderstände als andere. Jeder Mensch ist anders. Hier wirken zusammen:

- Charakter
- angenommene Verhaltensgewohnheiten
- verborgene Ängste
- seelische Verschlossenheit
- sorgsam aufgebaute Schutzschilder
- antrainierte Taktiken und Vorgehensrezepte

Auch der Kunde ist „nur" ein Mensch mit allen Ausprägungen eines eigenen, unverwechselbaren Ich. Keiner ist dem anderen gleich.

Für Einkäufer gut trainierte Widerstände

Kontakthürden sollen ins Bockshorn jagen

Aber natürlich gibt es auch Kunden, die bewusst und gezielt Kontaktwiderstand aufbauen und ausspielen, um so den Verkäufer ins Bockshorn zu jagen. Da werden Kontakthürden nur mit der einen Zielsetzung inszeniert: die innere Überzeugung des Verkäufers zu brechen, ihm seine Kontaktfreude zu nehmen und ihn und sein Angebot damit weichzukochen.

Zu diesen Methoden, den Auftritt des Verkäufers von Anfang an durchfallen zu lassen, gehören zum Beispiel:

- Absichtlich ausgedehnte Wartezeit auf einem unbequemen Stuhl
- Abwertend ausgespielter Zeitdruck

- Ständige Störungen und Unterbrechungen des Gesprächs durch „wichtige“ Telefonate oder durch unterbrechende Zwischengespräche mit Auskunft heischenden Mitarbeitern
- Abwertende, teils geradezu beleidigende Begrüßung und/oder Gesprächseröffnung: „Ach, Sie schon wieder ...“ oder „Geben Sie’s denn nie auf ...?“
- Abwertende, teils auch ironische Äußerungen wie „Ach, papperlapapp ...“ schon zum Auftakt des Gesprächs
- Negatives Abblocken von Beginn des Gesprächs an: „Sie sind ohnehin viel zu teuer.“

Bittsteller haben keine Siegeskraft

Ist der Verkäufer erst einmal in die Rolle des Bittstellers gedrängt, ist erst einmal seine Angst vor dem Scheitern des Kontaktversuchs aufgedeckt, so hat der Einkäufer ein leichtes Spiel. Jetzt kann er den Verkäufer am Nasenring vorführen. Nun kann er mit den Konditionen und häufig auch mit dem Preis „Schlitten fahren“. Das gelingt aber nur bei Verkäufern ohne innere Überzeugung von sich, vom Produkt und von seinem Nutzen und seiner Preisgerechtigkeit.

Über Versuche der Preisdemontage und das immer wiederkehrende „Zu teuer“ verrät mein Buch „Sich durchsetzen in Preisgesprächen und Preisverhandlungen“ (siehe Literaturempfehlungen auf Seite 235) zahlreiche Hintergründe, Gegenrezepte und Vermeidungsstrategien.

Persönlichkeitsdemontage scheitert an stabilem Selbstbewusstsein

Das probate Mittel gegen solche taktischen Spiele des Einkäufers liegt im stabilen Selbstbewusstsein und in der fundierten inneren Überzeugung des Verkäufers.

Fallen erkannt, gefahren gebannt

Taktische Spiele der Einkäufer gelingen mit selbstbewussten und überzeugten Verkäufern nicht. Breite Erfahrungen belegen immer wieder: Der Einkäufer gibt seine Verunsicherungsversuche auf, sobald er merkt, dass er kein Opfer vor sich hat, das in seine Falle tappt. Der Verkäufer allerdings ist gut beraten, die taktischen Versuche des Einkäufers stumm und standhaft zu übergehen, sie einfach zu ignorieren, aber dabei auf keinen Fall den Einkäufer als „gescheiterten Taktiker" zu entlarven. Das brächte dem Verkäufer zwar persönlichen Triumph, aber gewiss bei diesem Partner nicht mehr den erhofften Auftrag.

Auch im Einkauf: Abkehr von reiner Taktik

Emanzipierte Partner als Lieferanten gesucht

Allerdings signalisieren Beobachtungen aus jüngster Zeit auch auf der Einkäuferseite neue Trends: Die auf persönlicher Abwertung des Verkäufers beruhenden Taktiken werden allmählich weniger eingesetzt. Der Verkäufer, der Lieferant wird als Partner akzeptiert – vor allem dann, wenn erst einmal eine tragende Verbindung hergestellt wurde.

Dazu muss der Verkäufer beim Einkäufer bereits in der Vorphase des Gesprächs, zum Beispiel bei der telefonischen Terminvereinbarung oder in vorausgehenden Mailings, Interesse und Neugier geweckt und Kompetenz bewiesen haben.

Einkäufer der „neuen Generation" sind weniger rein taktisch, sondern stärker sachlich orientiert. Sie fordern allerdings auch kompetente, selbstbewusste und aufrechte Gesprächspartner auf der Verkäuferseite.

Einkäufer werden anspruchsvoll in der Partnerwahl

Und sie fordern stichhaltige, nachprüfbare Argumente für das Produkt, seine Preisgerechtigkeit und seinen Nutzen. Mit taktischen Phrasen aus jahrzehntelanger Routine oder aus dem neuesten Rhetoriktraining kommen Verkäufer bei der neuen Generation sachbezogener Einkäufer nicht mehr durch.

Kontaktblockaden ins Licht rücken

Offene Worte klären diffuse Gefühle

Bei Kunden, die hartnäckig ihren Kontaktwiderstand aufrecht erhalten, ohne das klare Nein zum Kontakt suchenden Verkäufer auszusprechen, überbrückt zuweilen die direkte Nachfrage die Kontakthemmschwelle: Der natürlich auftretende, selbstbewusste und innerlich überzeugte Verkäufer hat keine Probleme damit, seine Gefühle offen an zusprechen. So kann er auch den Kontakt sperrenden Kunden geradeheraus fragen, zum Beispiel so:

Verkäufer: „Komisch, Herr Kunde, ich werde den Eindruck nicht los, dass da etwas in der Luft liegt, das Sie misstrauisch macht. Kann das sein?"

Kunde: „Aber nein, gewiss nicht, Herr Seller. Wie kommen Sie denn darauf?"

Verkäufer: „Ich habe das Gefühl. Sie blocken ab, obwohl es doch um Ihren eigenen Vorteil geht."

Kunde: „Nein, wirklich nicht. Das sehen Sie falsch. Ich bin nur nachdenklich, denn es wird ja rundum so viel angeboten und versprochen."

Persönlich etwas näher kommen

Solche kleinen persönlichen Gespräche, eingeflochten ins stockende, offenbar von Misstrauen und Abwehr geprägte Verkaufsgespräch, stellen leichter als das auf reine Sachargumente begrenzte Produktgespräch einen persönlicheren Kontakt her, bringen die Partner emotional ein wenig näher zueinander.

So lässt sich häufig die nötige Brücke schlagen über Kontakthemmnisse, die der Kunde aus früheren Erfahrungen mitbringt und die ihn nun hindern oder sogar blockieren, unvoreingenommen einen neuen Kontakt einzugehen.

Kontaktbrücken für Kunden bauen

Auf der einen Seite führt das kurzfristige und begrenzte Abschwenken des Gesprächs von der Sachebene auf die persönliche Ebene dazu, dass dem Kunden bewusst wird, welche Kontakthemmnisse er aufbaut und dass diese erkannt worden sind.

Damit fällt es dem Kunden leichter, hinter den Barrikaden hervorzukommen und sich auf den Kontakt- und Gesprächsweg einzulassen.

Lesenswert ist das Büchlein von Horst Strache, dem bedeutendsten deutschen Einkaufstrainer, „Einkaufsverhandlungen souverän führen, Gewinn aushandeln“ (siehe Literaturempfehlungen auf Seite 236)

Besonders leicht gelingt das, wenn eine Brücke gefunden wird, über die der Verkäufer den Kunden zu einer kleinen „Hilfe-Geste“ bewegen kann, auf die er dann seinerseits eine „Hilfe-Antwort“ geben kann. Solche kleinen Tauschgeschäfte im Gespräch sind das Fundament der Kontaktbrücke. Dazu ein Beispiel:

Verkäufer: „Herr Kunde, Sie haben so breite Erfahrung, wo liegt für Sie eigentlich die wichtigste Forderung ans Produkt: Ist es die Präzision oder ist es die Haltbarkeit?“

Kunde: „Also, wenn Sie das so von mir wissen wollen, Herr Seller, dann ist es ganz klar die Haltbarkeit, denn mit der Präzision können wir uns darauf einstellen. Oder sind andere da nicht so flexibel?“

Verkäufer: „Ohne jetzt Namen zu nennen, aber da haben Sie einen Vorsprung, zumindest, soweit ich das in meinem Kundenkreis sehe. Andere sind auf die Präzision angewiesen und müssen dann bei zu geringer Haltbarkeit das Teil häufig austauschen. Aber Sie wissen, dass bei unserem Produkt ...“

Nur keinen Konflikt vermeiden

oder: Warum konstruktive Konflikte der Nährboden für kundennahe, treffende Argumente sind

„Jedes Ding hat zwei Seiten. Kein Gut, an dem kein Böse wäre. Was dem einen sin Uhl, ist dem andern sin Nachtigall."

„Volkes Mund" hat tausend Formulierungen, um die Selbstverständlichkeit kundzutun, dass in jedem Gespräch die Beteiligten nicht notwendigerweise Gleiches auch gleich sehen.

Konflikte, immerzu Konflikte – aber was verbirgt sich dahinter?

Gleiches sehen alle anders

Konflikte sind natürlich. Konflikte gehören zum Argumentieren. Erst im Konflikt zeigen sich Stichhaltigkeit und Treffsicherheit der Argumente.

Konflikte gehören zum Verkaufsgespräch. Die Interessen sind selten identisch. Konflikte aber können konstruktiv wie auch destruktiv sein. Destruktive Konflikte torpedieren das Gespräch, konstruktive Konflikte klären die Argumente und führen das Gespräch zum fruchtbaren Ergebnis. Konflikte entspringen aus zwei völlig verschiedenen Quellen:

- Sie haben entweder sachliche Gründe oder
- sie entstehen aus psychologisch zu erklärenden Gründen.

Konflikte auf der sachlichen Ebene lassen sich durch Argumente austragen. Das sind konstruktive Konflikte. Hier beflügeln die Einwände des Kunden, seine bohrenden Fragen, seine Zweifel die Kunst des Verkäufers, den Gewinn darzustellen, den der Kunde durch das Produkt erlangen kann. Das muss durchaus nicht nur materieller Gewinn sein. Das kann und muss auch einen Gewinn an Freude, an Befriedigung und an Glücklichsein für den Kunden bedeuten.

Wahl zwischen Flucht und Angriff

Seit den Ursprüngen seiner Existenz kennt der Mensch zwei Reaktionen auf Angriffe: Flucht oder Kampf, Rückzug oder Angriff. Die Entscheidung darüber, welche Reaktion in welcher Situation angewandt wird, trifft nicht der Verstand (Großhirn). Diese Entscheidung fällt im Reptiliengehirn (Stammhirn), dem Sitz der Instinkte. Mit dem Verstand setzt sich der Mensch mit seinen Konflikten auseinander, sucht sie zu bewältigen, sie entweder als wenig bedeutend zur Seite zu legen oder sie zu lösen.

Im Stammhirn aber laufen ganz andere Prozesse ab: Der Urinstinkt folgt entweder dem Machttrieb – dann gibt es „Zoff". Oder es überwiegt die Angst vor dem Stärkeren, der Sicherheitstrieb, dann gibt es Rückzug und Flucht. In beiden Fällen gerät das Verkaufsgespräch aus den konstruktiven Schienen.

Die dialektische Gabe, bewusst (aus dem Großhirn heraus) sachliche Konflikte von These und Antithese zu suchen und zu formulieren, um daraus die optimale Lösung zu finden, beherrschen nur sehr wenige Menschen.

Stammhirn produziert destruktive Konflikte

Die meisten Menschen geraten ungesteuert aus ihrem Stammhirn heraus in Konflikte. Da geht es dann um Macht- und Positionskämpfe. Da geht es dann zum Beispiel darum,

- sich selbst besser zu profilieren,
- eigenes Unwissen, eigene Unterlegenheit zu kaschieren,
- den Neid gegenüber anderen abzureagieren,
- dem anderen zu zeigen, dass er unterlegen ist,

- den anderen zu verletzen,
- sadistische Neigungen auszuleben.

Konflikte aus dem Stammhirn sind oft destruktive Konflikte. Sie bringen die Sache nicht voran. Durch sie wird keine bessere, keine insgesamt nutzvollere Lösung erreicht.

Sachliche Konflikte sind fruchtbare Konflikte

Aus der sachlichen Ebene entspringen Konflikte, zum Beispiel:

Viele Gründe für sachliche Konflikte

- wenn ein neuer Wettbewerber auftritt und tatsächlich den Preis maßgeblich unterbietet;
- wenn das Produkt nachweislich in seiner Qualität nachgelassen hat und zu Verarbeitungsproblemen oder Reklamationen geführt hat;
- wenn beim Kunden die Finanz- oder Kostenlage eng geworden ist;
- wenn der Kunde lückenhaft oder vielleicht sogar falsch informiert und beraten wurde;
- wenn der Kunde ein neues Verfahren einführt und dazu neue Qualitätsnormen oder eine neue Produktvariabilität beim Lieferanten benötigt;
- wenn der Kunde „Ansprüche“ durchsetzen will, weil er erfahren hat, dass andere Kunden bessere Konditionen bekamen;
- wenn der Kunde am Nutzen, an der Eignung, an der Preisgerechtigkeit des Produkts zweifelt oder darüber (noch) falsche Vorurteile hegt.

Kein Verkauf ohne Klärung der Konflikte

Sachliche Konflikte klären die Argumente und führen das Verkaufsgespräch zum fruchtbaren Ergebnis. Sachliche Konflikte sind also konstruktive Konflikte, sie zeigen das Interesse des Kunden, sie halten den Dialog lebendig.

Die Klärung der Sache dient der Zufriedenheit des Kunden. Er soll nicht die Katze im Sack kaufen. Er soll nicht unter falschen Voraussetzungen kaufen. Dagegen torpedieren destruktive Konflikte, zumeist also Konflikte aus psychischen Quellen, das Gespräch.

Sachfremde, persönliche Argumente lenken ab von der Konzentration auf die Bedürfnisse des Kunden und ihre Erfüllung durch das Produkt.

Eingestreute Einwände des Kunden, zweifelnde Fragen signalisieren, dass der Kunde sich innerlich aktiv mit Kaufüberlegungen trägt. Ein Kunde, der während des gesamten Verkaufsgesprächs keinen Einwand bringt, gibt das entscheidende Contra vielleicht erst zum Schluss: „Danke, Herr Möchtegern, das war sehr interessant. Ich werde es mir nun noch einmal überlegen."

Gäbe es keine Einwände, gäbe es keine Konflikte, brauchte man keine Verkäufer. Wollte jeder ohne irgendwelche Fragen und ohne irgendwelches Zögern das Produkt haben, dann brauchte das Unternehmen nur noch produzieren und verteilen. Die Aufgabe des Verkäufers aber besteht darin, das eine Produkt an den durchaus bei jedem Kunden unterschiedlichen Erwartungshorizont anzupassen – durch Argumente, durch die Antworten auf Einwände, durch die Lösung der Konflikte im Gespräch.

Einwände sind Lebenselixiere im Verkauf

Einwände, Vorwände, Widerstände, Fehlinformationen, Vorurteile, Behauptungen, Unschlüssigkeiten – das sind die Lebenselixiere des Verkäuferberufs. Jeder Verkäufer sollte täglich dreimal beten, dass ihm die Einwände der Kunden erhalten bleiben.

Wie sollte er sonst ein Gespräch führen? Mit Monologen allein verfiele der Verkauf in den geistigen Dämmerzustand einseitiger Langeweile.

Sachliche Konflikte lassen sich verhandeln

Über rationale Einwände des Kunden lässt sich verhandeln. Da lassen sich stichhaltige Argumente austauschen. Da findet sich mit Kreativität und partnerschaftlichem Willen der Kompromiss, der beiden Seiten künftigen Nutzen einbringt.

Im konstruktiven, im sachlichen Konflikt verfügt der Verkäufer über wohlerprobte Argumentationstechniken, seinen „Judotechnik"-Gesprächspartner zu weiterführenden Denk- und Verständnisschritten zu führen.

„Judotechnik" kehrt Einwände um

Eine dieser Techniken ist zum Beispiel die „Judotaktik". Sie kehrt in fünf Phasen die Kraft der Einwände um und nimmt den Kunden mit in die weiterführende Denkrichtung:

Die Judotaktik der Einwandauflösung durch die Umkehr der argumentativen Kraft des Kunden stammt ursprünglich aus dem Mittelalter. Im elften Jahrhundert bildeten die Scholastiker um Thomas von Aquin die geistige Elite Europas. Sie lehrten: „Wenn jemand gegen dich ist, dann stell dich zunächst geistig an seine Seite. Versuche ihn zu verstehen. Stell dich niemals vis-à-vis zu ihm. Erst wenn du seine Idee verstanden hast, dann gib deine Antwort aus seiner Gedankensicht heraus. Nur im Schulterschluss kann man gut überzeugen."

Am Ende der sachlichen Auseinandersetzung steht die Einigung, meist ein Kompromiss. Vom echten Kompromiss profitieren beide Parteien. Im kreativen Kompromiss stehen sich zum guten Ende beide besser als vor dem Konflikt. Die Auseinandersetzung hat befruchtet, hat neue Lösungsideen erzeugt, die ohne Konflikt nicht zustandegekommen wären.

Gemeinsam einen Konflikt bewältigt zu haben, das verbindet die Beteiligten. Das ist wie neuer „Honey-

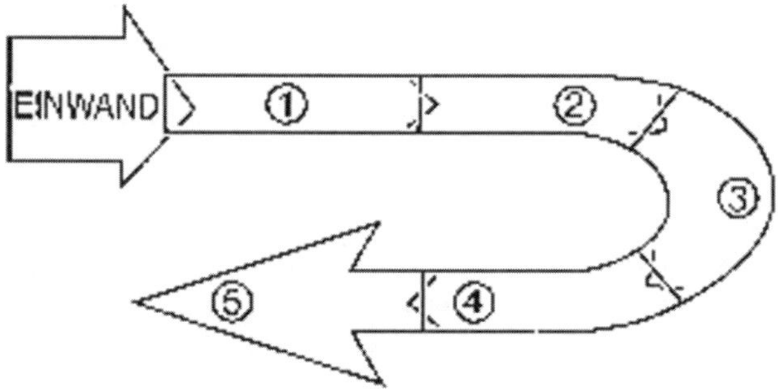

1. *Phase* – **Zuhören und nachdenken:** Was will der Kunde mit seinem Einwand sagen? Was sagt er? Was meint er? Welche logischen Argumente geben darauf die inhaltlich treffende Antwort?

2. *Phase* – **Verbaler Ausbau**, Aufbau von Gemeinsamkeit: Der Einwand des Kunden wird vom Verkäufer in dessen Worten zur Verständnisprüfung wiederholt. Tragende Verständnisgemeinsamkeit wird abgeklärt und bestätigt.

3. *Phase* – „**Argumentative Kehrtwendung**“: Der Kunde wird nun zum weiterführenden Denkschritt motiviert. Argumente „aus seinem Einwand heraus, aus seinen Interessen heraus“ helfen ihm dabei. Sein Einwand wird fortgeführt und dabei in einem neuen Aspekt beleuchtet.

4. *Phase* – **Nutzenantwort:** Darstellung des spezifischen, individuellen Nutzens, den der Kunde gemäß der Logik seines Ausgangseinwandes erhält. „*Gerade weil für Sie ... so ein kritischer Punkt ist, gewinnen Sie hier ...*“

5. *Phase* – **Zustimmung des Kunden** einholen. Konsens versichern und bestätigen lassen.

moon" nach dem Ehekrach. Da haben sich die Fronten geklärt. Jetzt wissen die Beteiligten, wie sie dran sind. Versöhnung ist das Schönste am Streit. Versöhnung verbindet wieder mit neuer Kraft. Der gemeinsam überwundene Konflikt schweißt doppelt zusammen.

Alle fühlen sich als Sieger. Alle haben es gemeinsam geschafft. Alle freuen sich über das Ergebnis und über die positiven Resultate, die es in Zukunft bringen wird. Stolz blicken die Beteiligten auf ihr Werk.

Im Beziehungsmanagement gibt es wenige stärkere Kräfte der Bindung zwischen Kunde und Lieferant als das gemeinsame Bewältigen von Konflikten. Die konstruktive Bewältigung von Konflikten macht Kunde und Lieferant zu verschworenen „Brüdern".

Psychische Konflikte sind heikle Konflikte

Ein Haar in der Suppe und der Streit geht los!

Konflikte mit psychischen Wurzeln entstehen oft aus Nebensächlichkeiten. Menschen sind zuweilen schnell beleidigt, Einkäufer fühlen sich leicht mal zu wenig geschätzt oder „hofiert", zu wenig in ihrer Bedeutung und „Macht" anerkannt. Oder ein Kunde fühlt sich über den Tisch gezogen oder auf den Schlips getreten:

- Das kann durch die falsche Wortwahl passieren.
- Das kann passieren, weil der Name des Kunden falsch ausgesprochen wird.
- Das lösen ein vom Kunden falsch ausgelegter schiefer Blick oder ein unpassender Scherz aus.
- Das kann eine dem Verkäufer bislang unbekannte spezielle Empfindlichkeit des Kunden sein.
- Da reagiert der Kunde besonders empfindlich auf ein im Moment für ihn brennendes Problem, an das er vom Verkäufer nicht erinnert werden will.
- Das kann einfach nur Ärger sein, den der Einkäufer aus Differenzen mit seiner Ehefrau oder mit seiner

Sekretärin oder mit seinem Chef ins Gespräch hineinschleppt.

Konflikte entstehen manchmal aus Absicht, manchmal aber auch durchaus unbeabsichtigt und zufällig.

Unbeabsichtigte Unhöflichkeiten

Auch Kunden und Einkäufer lösen ganz unbeabsichtigt viele Konflikte aus. Nicht immer haben kleinere oder größere Unhöflichkeiten das strategische Ziel, den Verkäufer weich und mürbe zu klopfen. Da stehen oft auch Gedankenlosigkeit oder einfach ein Mangel an Höflichkeit dahinter. Beispiele dafür sind:

- Die unangenehme Wartezeit macht dem Verkäufer Ärger und dieser prägt dann das anschließende Gespräch.
- Oder das Telefon stört zum x-ten Mal das Gespräch.
- Licht aus einem Strahler oder die Sonne im Rücken des Kunden blendet den Verkäufer.
- Der Kunde ist spürbar unkonzentriert und hört gar nicht richtig zu.

Keimenden Unmut mit gezielten Fragen klären

In den meisten Fällen schleichen sich solche Fauxpas bei beiden Gesprächspartnern unbeabsichtigt und aus Gedankenlosigkeit ins Gespräch ein. Falsche Höflichkeit hindert dann den Betroffenen, seinen aufkeimenden Unmut offen auf den Tisch zu legen:

- „Bitte, Herr Kunde, lässt es sich einrichten, dass wir während der Vorführung kurz das Telefon abstellen?“
- „Bitte, Frau Kundin, lässt es sich einrichten, dass wir für 20 Minuten konzentriert und ungestört ausloten, wie das Produkt Ihre Wünsche optimal erfüllt, dann haben Sie sicher pünktlich für Ihren anschließenden Termin Zeit?“

Wie viel Selbstbewusstsein braucht der Verkäufer, der so Störfaktoren anspricht und damit sich selbst als Person und auch der Bedeutung seines Produkts Geltung verschafft? Allerdings gilt auch hier: Die Haut der Verkäufer darf zuweilen ruhig etwas dicker werden. Nicht jede Unhöflichkeit ist unbedingt böse gemeint.

Nicht jeden Fehdehandschuh aufnehmen

Und wäre sie auch beabsichtigt, warum muss der Verkäufer jeden Fehdehandschuh aufnehmen, der ihm hingeworfen wird? Überlegenheit zeigt sich in Toleranz: Welcher Stein fällt wem aus welcher Krone, wenn man zum eigenen Nutzen und Vorteil einmal unhöfliches Verhalten des anderen souverän übersieht, es nicht sofort voller Groll mit einer Konterattacke beantwortet?

Die vielleicht tief in den Menschen entspringenden Quellen psychisch begründeter Konflikte sind sattsam bekannt. Hierzu gibt es Beispiele genug:

- Missgunst
- Frustration und Enttäuschung
- Angst
- Misstrauen
- Antipathie
- Angestaute oder spontane Aggression
- Mangelhaftes oder lückenhaftes Selbstwertgefühl
- Gekränkte Eitelkeit oder gekränkter Stolz
- Mangelnde Anerkennung und Zuwendung
- Schlichtweg Langeweile oder Borniertheit

Konflikte, die aus psychischen Quellen stammen, sind weitaus schwerer zu handhaben als sachliche Konflikte: Im psychisch ausgelösten Konflikt reißen an der plötzlich rauen Oberfläche des Gesprächs Fragen und Differenzen auf, die tief im Un- oder Unterbewusstsein der miteinander „diskutierenden“ Menschen sitzen. Auf Nebenschauplätzen wird dann ausgetragen, was – aus welchen Gründen auch immer – offen nicht angesprochen werden kann.

Konflikte klären die Hackordnung

Konflikte mit psychischem Hintergrund sind häufig Macht- oder Anerkennungskonflikte. Da geht es dann nur vordergründig um die Frage, ob das Produkt nun durch den Schalter an der rechten Seite besonders gut oder besonders wenig gebrauchsfreundlich ist.

Da geht es um Macht. Da geht es ums Rechthaben, da geht es um Überlegenheit und Unterordnung. Da geht es um die Hackordnung.

Konflikte entstehen aus den Positionskämpfen der Gesprächspartner: Wer ist tonangebend? Wer führt das Gespräch? Wer ist „Herr" und wer ist „Underdog"? Verkäufer zeigen hier immer wieder viel Ungeschick, indem sie bei jedem Kunden immer wieder ihre Selbstdarstellung zelebrieren und ihre Selbstbestätigung abholen wollen. Verkäufer denken fälschlich immer wieder, dass sie sich etwas vergeben, wenn sie den Kunden als Herrn des Gesprächs akzeptieren. Verkäufer denken immer wieder, dass der Kunde nur auf ihre „Heilsbotschaft" gewartet habe und nun andächtig lauschen müsse. Kunden können eine solche Arroganz zu Recht nicht leiden. Hier ist der destruktive Konflikt schon programmiert. Die sachliche Ebene im Verkaufsgespräch hat kaum noch Chancen.

In anderen psychisch bedingten Konflikten entlädt sich häufig angestaute Aggressivität:

Angestaute Aggressionen brechen durch

- Aggressivität des Kunden gegen den Lieferanten „schlechthin", der ihm immer so viel Geld abnimmt;
- Aggressivität gegen den Verkäufer, der immer so viel Zeit beansprucht;
- „abgeleitete" Aggressivität, weil eigene Kunden des Kunden mäkeln, ihn mit Wünschen und Forderungen bedrängen;

- Aggressivität aus organisatorischen Konflikten, zum Beispiel, weil der Vorgesetzte dem Einkäufer eben einen „Dämpfer" verpasst hat.

Mit abwertenden, zuweilen sogar beleidigenden Worten, mit schneidender, manchmal wütender Stimme, mit abweisenden Gesten, mit abweisender, teils sogar bedrohlicher Körperhaltung, mit Scheinargumenten, über deren Dürftigkeit und Unglaubwürdigkeit in anderer Stimmungslage kein Kommentar nötig wäre, sucht der Kunde nun im Verkäufer ein Opfer seiner Aggressivität.

Der Ober sticht den Unter

Der „Ober sticht den Unter" heißt es im Kartenspiel. Der Kunde spielt jetzt – durch seine angestaute Aggressivität mancher Hemmungen entledigt – schamlos seine Trümpfe aus: Er weiß doch, dass der Verkäufer seinen Auftrag braucht. Da hat er einen „Bittsteller" vor sich. Da ist einer abhängig von ihm, von seiner Stimmung, von seiner Macht. Dem kann er's zeigen. Jetzt ist er der Ober. Jetzt kann er nach unten treten. So nehmen dann manche Charakterschwächen unbeherrscht ihren bösen Lauf.

Aggressiv zu sein, ist ein Zeichen von Schwäche

Wie soll der Verkäufer in solchen Situationen reagieren? Lässt er sich auf den Konflikt ein, so ist er diesen Kunden ziemlich sicher für die Zukunft los. Lässt er den Kunden mit seiner Aggressivität aber einfach abblitzen, so steigert er seine Wut nur noch und bekommt schnell den Stempel der Arroganz und der Überheblichkeit verpasst. Und auch dieser Verkäufer ist dann kaum noch willkommen.

Wer aggressiv ist, ist schwach. Spürt er das aber, dann wird er nur noch aggressiver. Wer über der Aggressivität steht, ist stark und überlegen.

Spürt der Kunde nun die Überlegenheit des Verkäufers, wird er schnell noch wütender, steigert sich in seine Wut tiefer hinein, reagiert auf Windmühlenflügel, die es gar nicht gibt. So hat schon mancher Kunde gerade den Verkäufer hinausgeworfen, der ihm die größten Vorteile hätte bringen können. Doch ein Zurück gibt es dann auch nicht mehr, ohne das Gesicht zu verlieren. Wie also können Verkäufer auf Aggressionen des Kunden reagieren?

Jedem Konflikt seine angemessene Antwort

In jeder Konfliktsituation heißt es aufgrund der völlig unterschiedlichen Quellen der Konflikte stets zu bedenken:

- Läuft hier ein Konflikt ab, der zeigt, was und wo die Differenzen sind?
- Oder läuft hier ein Konflikt ab, der nur verdeckt, was wirklich Sache ist?

Je nachdem, wie der Verkäufer aus der Situation heraus diese Frage beantwortet, wird er völlig andere Verhaltensstrategien im Umgang mit dem Konflikt einsetzen. Ein Beispiel dazu: Was hätte es für einen Sinn, dem Kunden bis auf den letzten Cent zu erklären, wie der Preis zustandekommt und dass daran nichts mehr zu drehen ist, wenn der Kunde mit seinem „Zu teuer" nur abreagiert,

- dass er einfach die Nase (den Anzug, den Geruch, die Stimmlage, die Glatze, die betont weibliche Figur etc.) des Verkäufers/der Verkäuferin nicht mag;
- dass er mit der Beziehung zu diesem Lieferanten nicht zufrieden ist;
- dass er sich zu wenig anerkannt und aufgewertet fühlt;
- dass er sich zu wenig bedient fühlt;
- dass er sich zu wenig mit den individuellen Problemen berücksichtigt und beraten fühlt;

- dass es ihm stinkt, dass der Lieferant, dass der Verkäufer sich immer nur hören oder sehen lässt, wenn wieder einmal ein Auftrag zu holen ist, das Lieferunternehmen sich sonst aber selten um ihn kümmert?

Gegen Aggressionen helfen keine Argumente. Gegen Aggressivität helfen im Prinzip nur Zuwendung, Geduld und Toleranz. Aggressivität verpufft, wenn sie kein Echo findet, keine Reibefläche, sich weiter und weiter zu entzünden.

Aggressivität ist ein Indiz für fehlende Zuwendung

Aggression läuft ins Leere, findet sie keine Wand, an der sie aufprallen und mit lautem Knall explodieren kann. Die sorgfältige Beobachtung von Konflikten im Verkaufsgespräch zeigt, dass bei den Kunden drei große Wünsche hinter der Bereitschaft zum Konflikt stehen:

- der Wunsch, Recht zu haben,
- der Wunsch nach Harmonie,
- der Wunsch nach mehr Anerkennung, als der Verkäufer, die Lieferfirma dem Kunden bisher gewährten.

Damit hat der Verkäufer drei Ankerpunkte, um aus dem destruktiven Konflikt den fruchtbaren Ausweg zu erreichen.

Destruktive Konflikte im Verkaufsgespräch lassen sich vermeiden, indem ihre Quellen und ihre Wirkungen durchschaut und damit von ihren nährenden Wurzeln im dunklen Unterbewusstsein abgeschnitten werden. Mit viel Sensibilität in jeder einzelnen Situation muss der Verkäufer entscheiden, was er offen anspricht, was er übergeht, nicht zur Kenntnis nimmt, was er toleriert, wogegen er sich in aller Höflichkeit verwahrt.

Begräbnis erster Klasse für Aggressivität

Nach ausgestandenem Konflikt ist auf jeden Fall stets die Nachsorge wichtig:

- Gemeinsam mit dem Kunden besiegelt der Verkäufer die Bewältigung des Problems.
- Er bittet den Kunden ausdrücklich, aus dem Konflikt keinen Groll mehr in die Zukunft zu tragen, den Konflikt zu begraben und zu vergessen.
- Er lässt sich vom Kunden bestätigen, dass die Situation wieder bereinigt ist.
- Er bestätigt dem Kunden seine Freude darüber, dass der Konflikt beigelegt werden konnte. Und er wertet den Kunden dabei auf.
- Er bezieht den Kunden mit Worten und Gesten ein in die Freude über den wiedergewonnenen „Frieden", über die doch wieder erreichte Einigkeit.
- Er wendet den Blick sofort in die Zukunft, auf die nach der Konfliktbewältigung nun zu erwartenden Gewinne an Nutzen für den Kunden.

Mein Buch „Das Powerbuch der Neukundengewinnung", (siehe Literaturempfehlungen auf Seite 235) schildert in vielen Beispielen, wie Einwände und Probleme im Gespräch mit dem Kunden überwunden werden.

Grundsätzlich gilt für den Verkauf die Regel: Wer den Konflikt ständig aufnimmt, kommt darin um. Die Ziele im Verkauf sind der Auftrag und die Zufriedenheit des Kunden. Nirgendwo steht geschrieben, dass der alltägliche Verkauf des Verkäufers die beste Chance sei, das eigene Ego zu polieren und jeden unachtsamen Kratzer an der Politur zum Anlass für einen Streit mit dem Kunden zu nehmen.

Viele Konflikte, wenig Kraft zum Abschluss

Friedfertig und duldsam sei daher grundsätzlich der Verkäufer – nicht aus Unterwürfigkeit, sondern aus innerer Überlegenheit zum Nutzen und im Dienst des Kunden. Sein Selbstwertgefühl, seine Achtung vor sich selbst, braucht er deswegen gewiss nicht am Bordstein des Marktes wohlfeil auftragspotenten Kunden hinzugeben.

Zwölf praktische Tipps zum Schutz vor destruktiven Konflikten

1. Keinesfalls das eigene Stammhirn reagieren lassen. Das Großhirn eingeschaltet lassen. Noch so unkontrollierte Wut des Kunden mit Vernunft annehmen. Nicht in einen Kampf einsteigen.
2. Gut zuhören, aktiv zuhören. Mit Nicken die Aufmerksamkeit signalisieren. Mit Notizen die Wertschätzung für die Argumente des Kunden deutlich machen.
3. Dem Kunden, auch wenn er aggressiv argumentiert, ruhig und intensiv in die Augen schauen. Leichtes Nicken signalisiert ihm immer noch Akzeptanz.
4. Dosierte Betroffenheit zeigen. Mit ihm leiden. Sich mit ihm durch angedeutete Gesten verbrüdern. Auf jeden Fall zu verstehen versuchen, warum er so argumentiert, was ihn dazu bewegt, wie er denkt, was er fühlt, woran er sich so ereifert.
5. Möglichst nicht gegenüberstehen. Wann immer möglich, neben den Kunden stehen. Mit dem Körper symbolisch Schulterschluss signalisieren.
6. Dem Kunden (bedingt) Recht geben: „So wie Sie das sagen, da müssen Sie so reagieren." Oder auch: „Aus Ihren Gefühlen heraus kann ich Ihre Reaktion nachvollziehen."
7. Verständnis zeigen und formulieren. Anerkennung geben, auch wenn der Kunde es „dicke" bringt.
8. Vertiefungsfragen, Randfragen, Umfeldfragen stellen, um auf den wahren Grund des Konflikts zu stoßen.
9. Auf jeden Fall die Lösung des Problems versprechen. Das Problem klar beim Namen nennen. Falls es unlösbar ist, dann dies ehrlich als „Konflikt in der Natur der Sache" ansprechen und einen lösenden Ausweg, einen neuen Ansatz versprechen. In die Zukunft lenken, von der Vergangenheit wegführen.

10. Vorwürfe und Wutausbrüche, Verallgemeinerungen und unkontrollierte Äußerungen an sich herabrieseln lassen. Das muss nicht durchnässen. Das verraucht schnell. Niemals sofort eine Antwort geben. Aufmerksam zuhören, interessierter Blick, vertiefungs- und Hintergrundfragen einfließen lassen.
11. Im Konflikt immer gedämpft, „liebevoll" und langsam, auf jeden Fall wohlwollend sprechen. Zuwendung und Anerkennung in der Stimme ausdrücken.
12. Keinesfalls direkt widersprechen. Nicht in Rechtfertigungen verfallen. Den Streit damit nicht noch weiter hochschrauben.

Beziehungsmanagement – nach dem Abschluss gehts erst richtig los

Neue Kräfte aus dem Nein

oder: Wie der Nicht-Auftrag die Tore zu neuen Chancen öffnet

Das Nein des Kunden lässt sich aus dem Verkäuferalltag nicht ausmerzen – so sehr sich das Verkäufer auch wünschen. „Keine Zeit", „Kein Interesse", „Zu teuer", „Wir ordern anderswo" – mit aller positiven Einstellung, mit aller Begeisterung, mit allen Elixieren der Verkaufskunst: Kein Verkäufer kann erzwingen, dass alle potenziellen Kunden auch wirklich seine Kunden werden. Aufs Nein stößt er immer wieder.

Die starke Macht des Nein

Kein Kraut gegen Kunden-Nein?

Kunden kennen natürlich ihre „Machtposition" gegenüber dem Verkäufer. Sie wissen, wie sehr sein Erfolg am Ja des Kunden zum Auftrag hängt, wirtschaftlich ebenso wie psychisch.

Da nutzen Kunden dann rücksichtslos das Nein, um den Verkäufer zu zermürben, seine Schaffenskraft auszuhöhlen. Das Nein dient dann als taktisches Instrument: Beim seelisch geschwächten Verkäufer fällt es leichter, den Preis zu demontieren.

Immer wieder aber wird dem Verkäufer die Freiheit des Kunden zum Nein auch im eigenen Unternehmen als persönliches Versagen angelastet. Der Verkäufer sieht sich dann dem Vorwurf ausgesetzt, versagt zu haben. Da gelten dann die Türen nichts, die er sich trotz des Neins beim potenziellen Kunden weit für seinen nächsten Besuch geöffnet hat.

Die Berufsfreude von Verkäufern wird so systematisch zermürbt. Ausgebrannte Verkäufer sind dann das beklagte Ergebnis solch unsensibler Beurteilungen.

An Ablehnung sind schon reichlich Hoffnungen zerschellt. Wer Nein als Antwort bekommt und sich nicht bewusst ist, was solch ein alltägliches Nein tatsächlich besagt, der fühlt sich schnell und zu leicht persönlich abgelehnt.

Ablehnungsgespenst stößt ins Jammertal

Auch viele Neins begründen kein Selbstmitleid

Und wer sich dann als abgelehnt empfindet, der steht bereits vor dem Absturz ins Jammertal des Schmerzes. Dem tiefen stimmungsmäßigen Absturz folgt dann leicht das Suhlen im Selbstmitleid: „Ich stecke im Schlamm und keiner holt mich heraus." Mit einem solchen schwarzen Loch im Selbstbild ist der Misserfolg beim nächsten Kundenkontakt schon vorprogrammiert.

Die inneren negativen Erwartungen erfüllen sich einmal mehr nahezu punktgenau. Negative Erwartungen erzeugen negative Ereignisse. Ein Beispiel aus einem wichtigen Tennisspiel der Daviscup-Begegnung Deutschland-Brasilien zeigt das klar:

Der Berliner Markus Zoecke trat gegen den Brasilianer Onsins an. In der gnadenlosen Hitzeschlacht wuchs Zoecke vor einem Publikum, das ihn nervlich auszuhebeln suchte, über sich hinaus. Schließlich hatte er drei Matchbälle. Er verschlug den ersten, dann auch den zweiten. Da kommentierte Günther Bosch, der ehemalige Erfolgscoach von Boris Becker: „Vergiss diesen Ball, Markus. Konzentrier' dich nur auf den nächsten." Doch Boschs Fernsehkommentar erreichte

Zoecke nicht. Mit geballter Wut verschlug er in körperlicher Höchstleistung auch den dritten Matchball. Onsins gewann das Match und Brasilien schaltete damals Deutschland aus.

Vorfreude rettet aus der Lamento-Ecke

Vorfreude statt Blick zurück

Wenn scheinbar gar nichts klappt, wenn alle gegen mich sind, wenn niemand mich anerkennt und meine Mühen honoriert, wenn die ganze Welt gegen mich ist – dann gibt es nur noch eines: Der einzige Ausweg aus dem Tal des Jammers führt über neue Vorfreude.

Nicht auf andere warten, nicht lamentieren, nicht verzagen und sich fallen lassen. Hier hat Münchhausen wirklich Recht: Nur am eigenen Schopf hievt sich ein jeder aus der Jammerhöhle.

Henry Ford, der Epoche prägende Auto-Industrielle, munterte auf: „Es gibt viel mehr Menschen, die resignieren, als solche, die versagen."

Sei der Absturz noch so tief: Noch so viel weh- oder anklagende Rückschau ändert nichts mehr. Ursachenanalyse zum Zweck der Schuldzuweisung wühlt noch mehr Ärger auf, schafft aber vom Geschehenen nicht einen Deut aus der Welt.

Zukunft hat keine Erinnerung

Die Vergangenheit ist vorbei, die Zukunft ist frei

Erfolgreiche Menschen haben vor allem ein Talent: Statt zurückzublicken und zu klagen, wenden sie sich sofort nach vorn und wissen: Die nächste Chance wartet. Die Zukunft hat keine Erinnerung an die Vergangenheit.

Nur der Mensch schleppt in seinem Inneren die Hypotheken der Vergangenheit in seine neuen Chancen hinüber und legt sie dann häufig wie einen tödlichen Bleimantel übers neu sprießende Grün.

Der Kunde erteilt den so begehrten Auftrag nicht. Faktum!

Kein Auftrag? Aber dennoch von Nutzen

- Was nutzt da großes Lamento?
- Was nutzt da die Kreuzigung eines Schuldigen? Bringt die etwa doch noch den Auftrag in die Bücher?
- Was nutzt da grimmiger Ärger, tagelang, wochenlang?
- Was nutzt es da, gebrochen und gelähmt sich nicht um neue Anläufe bei neuen Kunden zu bemühen?

Wie oft hat sich schon gezeigt: Damals, als der umworbene Nicht-Kunde die Geschäftsbeziehung ablehnte, da schien eine Welt zusammenzubrechen ob des nicht gewonnenen Auftrags. Aber knapp ein Jahr später ging der so umworbene Nicht-Kunde in Konkurs. Die Zahlung wäre ausgeblieben ...

Das Gehirn folgt keinen negativen Befehlen

Vergiss, vergessen zu wollen

Negative Gedanken aber lassen sich in unserem Inneren nicht so ohne Weiteres verdrängen. Der Befehl „Vergiss es" erreicht genau das Gegenteil. Die Gedanken konzentrieren sich auf das, was sie vergessen sollen. Die Gedanken sammeln und fassen zusammen. Die Gedanken sortieren und wägen all das, was der Vergiss-Befehl umfasst – kaum die beste Art, sich davon zu lösen.

Die innere Ablösung von negativen Erlebnissen geschieht am einfachsten durch Austausch: An die Stelle des Rückblicks auf die negative Vergangenheit wird so schnell wie möglich das Panorama neuer Chancen gesetzt. Das Nein des einen Kunden kann sich nicht behaupten gegenüber so vielen möglichen Jas bei so vielen potenziellen anderen Kunden. Die positive, nach vorne gewandte Vorstellung verdeckt die negative Erinnerung.

Wieso sollte der vierte Kunde keine Zeit für einen Termin haben, wenn die ersten drei uns mitteilten, dass sie die nächsten Tage völlig überlastet sind?

Jeder ist seiner Erfolge eigener Schöpfer! Mit positiver Erwartung begrüßt der Verkäufer seinen nächsten Kunden, auch wenn er an diesem Tag vielleicht schon mehrmals das Nein hören und akzeptieren musste.

Ein Nein heute ist Ansporn für morgen

Nur wer dran bleibt, erarbeitet sich Chancen

„Dran bleiben, einmal klappt's bestimmt!", hieß ein bekannter Werbeslogan. Nur wer Tag für Tag wieder seinen Einsatz gibt, dem bleibt die Chance auf die großen Super-Erfolge.

Resignation und negative Erwartungen schließen jeglichen Erfolg aus, grundsätzlich und auf Dauer.

Das Nein des umworbenen Vielleicht-Kunden kann doch nur ein herausfordernder Ansporn sein:

- Wann bekomme ich erneut die Chance zum Kontakt?
- Welche Informationen kann ich heute schon für morgen mitnehmen und nutzen?
- Womit kann ich mir die Tür für die nächste Chance öffnen?
- Welche Möglichkeiten gibt es, den Kontakt zum Also-noch-nicht-Kunden zu pflegen und zu nähren?
- Wie kann ich beim Nicht-Kunden ein möglichst positives Bild vom Produkt, vom Unternehmen, vom Verkäufer hinterlassen? Verkaufe ich heute schon nichts, so will ich doch auf jeden Fall an Image gewinnen.
- Wie kann ich das innere ungute Gefühl des Kunden beim Nein zumindest für Empfehlungen, für Hinweise nutzen? Kennt der Kunde jemanden, der

jemanden kennt, der sich über eine Kontaktaufnahme freuen könnte?

Trotz Nein Freunde bleiben

Trotz des Neins: Der Abschied ist verbindlich, freundlich, höflich und aufs nächste Wiedersehen ausgerichtet. In den Augen des Verkäufers glänzt dabei durchaus schon die Freude: „Vielleicht klappt's beim nächsten Mal." Noch so gebrochene, traurige Hundeaugen verdrossener Verkäufer ob des Nicht-Auftrags haben noch keinen Kunden veranlasst, doch noch sein Nein ins vorher verweigerte Ja umzuwandeln.

Die meisten Verkäufer verhalten sich im Falle des Nicht-Auftrags wie die Katze, die um den heißen Brei schleicht: Sie trauen sich nicht, den Kunden anzusprechen. Wenigstens sollte man nach dem Grund fragen, dann weiß man, worauf man sich in Zukunft einzustellen hat. So öffnet man sich die Tür für die kommenden Aufträge.

Hat man einen Auftrag verloren, lohnt sich immer ein Kontaktgespräch, das vielleicht so ablaufen könnte: „Schade, Herr Kunde, den Auftrag hätte ich gern gehabt. Aber Verkaufen ist wie Sport: Man kann nicht immer gewinnen, man muss auch verlieren können!"

Eine kurze Einwirkpause hat meist zur Folge, dass der Kunde voller Respekt – denn man bewundert Sportler, die mit Anstand verlieren können! – sagt: „Genau, so ist das!"

Und wir können vollenden: „Eben, denn diesen Auftrag habe ich verloren, aber einen ganzen Kunden wohl nicht!"

Erleichtert wegen dieser Einsicht, denn er rechnete mit Vorwürfen, meint der Kunde dann: „Ja, natürlich nicht, Sie sind jederzeit herzlich willkommen und beim nächsten Projekt selbstverständlich wieder dabei!"

Wetten, dass wir mit dieser Taktik unsere Erfolgschancen für die Zukunft ganz beträchtlich gesteigert haben? Wir haben an Ansehen und so noch das besondere Wohlwollen des Kunden gewonnen.

Kleine Geschenke erhalten die Freundschaft

oder: Weshalb die individuelle Idee beim Schenken mehr zählt als der hohe Aufwand

Was wäre der Verkauf ohne Werbegeschenke? Was wären Mailings, Aktionen der Verkaufsförderung, Messen, Produktpräsentationen ohne Give-aways, wie die kleinen Aufmerksamkeiten für Interessenten, für Kunden oder für Geschäftsfreunde genannt werden? Verkauf und Akquisition ohne Werbegeschenke – wäre das nicht wie Samstag ohne Bundesliga, wie Düsseldorf ohne Altstadt, wie Sauerbraten ohne Klöße?

Verkauf ohne Geschenke ist wie Hose ohne Gürtel

Was spricht auch dagegen, mit einer kleinen Aufmerksamkeit dem Kunden Danke zu sagen? Was spricht dagegen, mit Streuartikeln die Aufmerksamkeit von Interessenten zu wecken? Was spricht dagegen, an einem Werbeartikel Verkaufsargumente „bildhaft“ aufzuhängen und dem Kunden „begreifbar“ nahe zu bringen?

Kleine Geschenke für starke Beziehungen

Mit kleinen Geschenken – und waren sie zuweilen noch so klein, verkörperten aber die ausschlaggebende, die zündende Idee – wurde schon so mancher Kunde gewonnen, so mancher Auftrag im entscheidenden Augenblick den Wettbewerbern weggeschnappt.

Der Kunde realisiert: „Hier ist ein Lieferant, der nicht nur 08/15 bietet, dessen Service mehr Ideen einsetzt als andere.“ Das überzeugt. Beim Kunden entsteht der Eindruck, dass er von diesem Lieferanten auch im Service, in der Beratung mehr erwarten kann als nur 08/15.

Beim Einsatz von Werbegeschenken geht es nicht um den hohen Aufwand. Das deutsche Steuerrecht setzt ohnehin für betriebliche Geschenke einen relativ eng gezogenen Rahmen. Damit lässt sich durchaus leben, damit lässt sich durchaus kreativ schenken. Denn es geht bei Kundengeschenken nicht um Bestechung! Es geht um den Spaß und um die kleine Freude, die der Kunde durch das Geschenk bekommen soll. Es geht um die Anerkennung und um die Aufwertung, die dem Kunden vermittelt werden sollen.

Pfiffige Ideen zünden besser als hoher Wert

Individualität vor Konvention

Diese „Botschaften“ aber lösen fantasielos aus dem Massenkatalog ausgewählte Werbegeschenke beim Kunden gewiss nicht aus.

Gerade fürs kleine Geschenk ist die pfiffige Idee gefordert, der direkte, persönliche Bezug zum Kunden, zum Produkt, zu einer der Produktverwendungen. Natürlich kann sich diese zündende Idee oft auch an durchaus handelsüblichen Geschenkartikeln anknüpfen lassen.

Geschenke mit Event-Charakter fördern Dialoge

Um das Geschenk herum baut der kundenbezogen denkende „neue Verkauf“ ein maßgeschneidertes Erlebnis: Mit einem „Konfektionsartikel“ wird dann eine kleine „Erlebnisstory“ verknüpft. Der Kunde wird mithilfe des Mediums „Massenartikel“ dennoch in seiner aktuellen Situation, mit den aktuellen Argumenten auf eine Art angesprochen, die ihm Spaß macht, die sein Schmunzeln auslöst. Das illustrieren am besten zwei Beispiele:

- Erstes Beispiel

Mit einem Einladungsmailing zu einer Marketingmesse in einem Olympiajahr verschickte ein Schweizer Unternehmen, das Präsentations- und Messebauelemente liefert, ein kleines Päckchen. Darin fanden die Empfänger einen Bausatz der Bausystemelemente des Unternehmens und dazu die Aufforderung: „Kampf um Zehntelsekunden: Trainieren Sie eifrig! Bringen Sie dann Ihren Bausatz mit zu unserem Messestand und bauen Sie dort unter Aufsicht des Schiedsrichters vor laufender Stoppuhr einen Quader zusammen. Wer schafft es in der kürzesten Zeit?“ Auf dem Stand des Unternehmens herrschte während der drei Messetage Trubel wie im Olympiastadion. Als Schiedsrichter war ein damals fernsehbekannter Eishockey-Spieler engagiert. Natürlich blieben auch Messebesucher neugierig stehen, die keine Einladung erhalten hatten. Auch sie konnten mitmachen und wurden ins Fachgespräch miteinbezogen. Täglich wurde der Tagessieger ermittelt. Am letzten Messetag stand der Gesamtsieger fest. Das Spielerlebnis war natürlich für die Sieger mit attraktiven Reise- und Erlebnispreisen (für zwei!) ausgestattet, natürlich in die Schweiz, in die Region um den Sitz des Unternehmens, natürlich gesponsert vom Fremdenverkehrsverein und örtlichen touristischen Dienstleistern, natürlich auch mit Einladung zum Werksbesuch.

- Zweites Beispiel

Ein Tagungshotel erweiterte im Sommer einerseits den Zimmertrakt und baute andererseits auch neue Trainingsräume. Baulärm ließ sich nicht völlig vermeiden. Das Haus legte zur Besänftigung seinen Trainern während der Baumonate jeweils ein Werkzeugset aufs Zimmer mit einer kleinen Entschuldigung für das absolut unvermeidbare Störungsmaß und dazu die Einladung, in den Seminarpausen ein wenig „Trimm-dich" einzulegen, nämlich am Bau mit Hand anzulegen. An einem sichtbaren Balken der Foyer-Konstruktion des Neubaus konnte jeder Trainer sich mit Nagel und Namenszug verewigen. Während des Bau-Halbjahres protestierte oder stornierte kein Seminarleiter ob der Unbequemlichkeiten rund um die Baustelle.

Immer wieder die uralte Regel: Anders als die anderen

Weg vom Schenk-Knigge nach Orga-Plan

Wer muss denn in diesem Jahr beschenkt werden? Wer darf keinesfalls vergessen werden? Wer bekommt was? Wie werden die Geschenke abgestuft? Umfangreiche Organisationsanweisungen befassen sich in manchen Unternehmen mit der „Verschenkordnung" und schreiben Jahr für Jahr die Schenktradition fort. Stammkunden haben dann bereits ein halbes Dutzend der bronzenen Brieföffner, da sie jedes Jahr wieder in die gleiche Geschenkkategorie eingeordnet werden.

Wann schenkt man am besten? Was schenkt man am besten? Was schenkt man seinen Kunden zu Weihnachten? Muss es überhaupt unbedingt immer nur zu Weihnachten sein?

Kunden können ein Lied von der Monotonie und weit verbreiteten Uniformität der Geschenke singen:

- Wein? – Geht inzwischen längst unter und wird vergessen! Ausnahme: Weinlage = Geschäftssitz.
- Kalender? – Der aufgedruckten Werbung wegen werden sie im Chefzimmer nicht aufgehängt! Im Einkäuferbüro stapeln sich Jahr für Jahr aufwändige Kunst- und Fotokalender ebenso wie Chefplaner

für den Schreibtisch, und niemand will sie mehr haben.
- Bücher? – Können im Geschmack genau danebenliegen!
- Was aber dann denn bloß dieses Jahr noch schenken?

Und in der unaufhaltsamen Postflut zu Weihnachten und Neujahr gehen häufig sogar die pfiffigsten Ideen unbeachtet unter.

Warum also nicht wieder einmal die Uralt-Regel für innovatives Verkaufen beherzigen?

Anders als die anderen!

Einmal also nicht „me too", einmal also nicht „Alle anderen, also müssen wir ja wohl doch schließlich auch".

Muss es immer die Flasche Cognac oder die Sechser-Kiste Champagner sein, die dem Kunden überreicht wird? Muss es immer die Krawatte sein, die Krawattennadel oder der Autoatlas? Gibt es nicht einfallsreichere Geschenke, um seinen Kunden Danke zu sagen, ohne dass das in den Bestechungsbereich hinüberdriftet?

- Wie wär's mit der Dankeschön-Eintrittskarte (bitte aber auch den/die Partner(in) nicht vergessen!) für „Phantom der Oper" in Wien, für „Alexis Sorbas" in Athen, für „Nabucco" in Verona oder auch fürs Tennisturnier am Hamburger Rothenbaum?
- Wie wär's mit einem gerahmten Danke-Konterfei, das ein namhafter Karikaturist nach einem Foto des Kunden anfertigte?
- Wie wär's mit ständiger kreativer Anstrengung, jedem Kunden, der weiterempfiehlt, ein wirklich persönliches Geschenk zukommen zu lassen, nicht des hohen Wertes wegen, sondern als Signal für aufrichtige Dankbarkeit, für die Wertschätzung seines Engagements für „seinen" Lieferanten?

Überraschung statt Erwartung

Unendlich viele Möglichkeiten bieten sich zudem auch an, aus dem Glückwunsch- und Geschenkrummel zur und um die Weihnachtszeit auszuscheren. Nicht nur im Geschenk selbst, auch im Timing können das kreative Unternehmen, der auf den Kunden orientierte Verkauf, anders sein als die anderen:

Vielleicht mal nicht zu Weihnachten, sondern zum Beginn der Urlaubszeit? Oder zum zehnten Kauf? Beispiele geben immer wieder die besten Anregungen:

- Ein Schwarzwälder Präzisionsunternehmen, das Geräte zur Füllstandsmessung herstellt, verschickt zum 1. Dezember einen Adventskalender besonderer Art: In einem als Nikolaus verkleideten Karton liegen für jeden Tag bis zum 24. Dezember aufgeschichtete Mini-Ritter-Sport-Schokoladentäfelchen. So weiß der Kunde täglich, dass Füllstände besonders effizient gemessen werden können und die Zusammenarbeit mit VEGA besonders charmant ist.
- Der Slogan „Geht nicht, gibt's nicht!“ ist hinlänglich bekannt. Die Akquisiteure eines Bauunternehmens werben mit einer Paradox-„Sand“-Uhr, bei der der Zeitstrom von unten nach oben fließt, um so darzustellen, dass Bauen nicht Bauen ist. Es handelt sich um ein Plastikmodell, das einer Sanduhr nachgebildet ist. Innerhalb des Gehäuses befinden sich eine Flüssigkeit und ein Granulat, das leichter ist und somit nach oben fließt.
- Ein Trainingsunternehmen überreichte interessierten Auftraggebern einen Kugelschreiber mit Ausrollmechanik: Auf dem herausziehbaren „Zettel“ stehen interessante Motivationsweisheiten. Nach Gebrauch zieht der Mechanismus den „Zettel“ wieder in das Schreibgerät ein.
- Männer lieben Spielzeuge. Ein solches ist ein modifiziertes Schweizer Offiziersmesser, das zusätzlich

eine Zange und einen Hammer beinhaltet, praktisch zu tragen am Hosengürtel. Dieses Werbegeschenk war der Renner für Augenoptiker, geschenkt für besondere Leistungen von einem Brillenhersteller.

- Eine Beratungsfirma schickte vor dem Urlaub eine voll recycelbare Panorama-Einmalkamera (Preis etwa 20 Euro) an Kunden mit dem Brieftext: „Die Urlaubszeit naht, die Zeit, sich zu entspannen und neue Kraft zu schöpfen . . . Aber auch die Zeit, um neue Blickwinkel zu bekommen oder diese zu erweitern. Gute Erholung!" Natürlich fehlte im PS nicht der Hinweis, dass man im Herbst gerne gemeinsam mit dem Kunden die Basis für breitere Erfolge schaffen möchte.
- Ein Tagungshotel verschickte im Sommer einen lustigen Brief an alle Trainer und Veranstalter, wünschte „Gute Erholung und viel Spaß im Urlaub" und fügte ein Mini-Sonnenöl und eine bunte Sonnenkappe bei. Diese Erinnerungsaktion – jährlich etwas abgewandelt natürlich – traf auch im zweiten und dritten Jahr noch auf Alleinstellung bei dem Empfänger.
- Ein Pharma-Großhandelsunternehmen verschickt an Apotheker zur Einschulung der Kinder einen besinnlichen Brief über das Tempo des Lebens, natürlich nicht ohne Bildbrief und Geschenk für den Sprössling.
- Eine Maschinenfabrik wartet mit ihren Grüßen zum Jahresende nicht bis Weihnachten, sondern nutzt einen Nikolaussack mit Brief und einem kleinen, zu Anlass und Jahreszeit passenden Give-away. Auch hier finden die Grüße und die Argumente deutlich höhere Beachtung, da sie die Zielgruppe erreichen, noch ehe die weihnachtliche Briefflut einsetzt.

Warum nicht einmal Geburtstage nutzen? Den des Kunden? Einen aus seiner Familie? Kinder? Ehefrau? Warum kann es nicht ein betrieblicher oder privater Anlass aus dem Kundenleben sein? Bürorenovierung? Fabrikationserweiterung? Richtfest? Ein vom Kunden gewonnenes Tennisturnier? Oder was sonst auch immer ...

„Super" ist das kleine Quäntchen mehr an Idee

Je überraschender, je unerwarteter der Kunde ein Geschenk erhält, desto größer seine Freude. Je größer seine Freude, desto intensiver die Bindungswirkung durch das Geschenk. Werbegeschenke haben stets das Ziel, die Bindung des Kunden an den Lieferanten zu intensivieren. Werbegeschenke mit zündenden Ideen, mit direktem Kundenbezug, mit Überraschungseffekt, mit Spaß für den Kunden sind damit eines der wesentlichen Instrumente im Beziehungsmanagement.

In der Ideeninvestition in Kundengeschenke drückt der schenkende Lieferant aus, wie er seine Kunden schätzt. Wem seine Kunden wertvoll und lieb sind, der hat auch die zündende Geschenkidee. Am 08/15-Geschenk kann und wird der Kunde ablesen, wie gleichgültig der Lieferant seinen Kunden gegenübersteht, die ihm wertvolle Empfehlungen gegeben oder ihm über lange Jahre hinweg die Treue gehalten haben.

After Sales-Maßnahmen, die dem Kunden schmecken

oder: Nach dem Abschluss ist vor dem Abschluss

In meiner Familie (ich selbst, meine Frau, meine drei Töchter und meine drei Schwiegersöhne) gibt es insgesamt acht Pkws sieben verschiedener Marken (Mercedes, BMW, Opel, VW etc.), – weil kein einziger Verkäufer in den Autohäusern unserer Händler auch nur einmal nachfragte: „Was meinen Sie: Wen in Ihrer Familie gibt es denn noch, der sich für unsere Autos so begeistern kann wie Sie?"

Wahrscheinlich erkennen Sie das Dilemma: Kunden werden heute noch immer viel zu selten oder gar nicht nach ihrer (Produkt- und Service-)Zufriedenheit, nach möglichen Folgegeschäften sowie nach Empfehlungen gefragt. Dabei lautet der eherne Grundsatz der Kundenbetreuung: Danach ist immer davor! Nach dem Abschluss ist immer vor dem Abschluss!

Nach dem Abschluss ist vor dem Abschluss!

After Sales-Strategien und die optimale Nachbereitung von Verkaufsgesprächen sind im Kundenbindungsprozess von entscheidender Bedeutung. Auch nach dem Abschluss darf das Verkaufen nicht aufhören. Strategien und Maßnahmen der After Sales-Kundenbetreuung sind für Kundenbegeisterung und damit für den dauerhaften Verkaufserfolg enorm wichtig.

Grundsätzlich können wir vier Phasen im After Sales Service unterscheiden:

After Sales hat vier Phasen

- *Phase 1:* direkt beim bzw. nach dem Kauf
- *Phase 2:* kurze Zeit nach der Installation, während des Ge- bzw. Verbrauches oder nach längerem, regelmäßigem Gebrauch
- *Phase 3:* mit der Rechnung (oder Auftragsbestätigung) und/oder bei der Mahnung säumiger Zahler
- *Phase 4:* bei Reklamationen

Mehrere Untersuchungen belegen, warum Unternehmen Kunden verlieren: durch den Kunden nur zu einem Prozent, durch Preiserhöhungen zu ca. 15 Prozent – aber zu über 60 Prozent aufgrund von Unzufriedenheit. Ergo: Die Zufriedenheit von Kunden ist eine hinreichende Bedingung für den Erfolg von Unternehmen und ihren Produkten – denn nur mit ihr als

Voraussetzung ist es für Verkäufer überhaupt möglich, Begeisterung bei ihren Kunden zu entfalten.

Sie wollen konkrete Beispiele für kleine, aber effektive, weil begeisternde Maßnahmen des After Sales Service? Bitte sehr:

Die telefonische Zufriedenheitsbefragung

Zufriedenheitsbefragungen verhindern Negativwerbung

Zufriedenheitsbefragungen Ihrer Kunden sollten Sie je nach Produkt oder Dienstleistung nach einem bestimmten Zeitraum (zum Beispiel acht Tage nach Überreichung eines Pkws, beim Anstrich der Hausfassade auch nach einer Woche und/oder nach einem Jahr) durchführen, schon um sicherzugehen, dass ihr Kunde keine Negativwerbung macht, und – weitaus besser! – um nach einer Empfehlung zu fragen.

Beispiel: Nach drei Jahren Leasingdauer gab ich meinen Jaguar XJR zurück, weil ich mir zwischenzeitig bei einem befreundeten Autohaus einen Mercedes bestellt hatte. Der Jaguar-Verkäufer fragte mich daher mit vorwurfvollem Unterton: „Warum weiß ich das nicht, dass Ihr Leasingvertrag ausläuft?“ Ein Anruf des Jaguar-Händlers rechtzeitig vor dem Ende des Leasingvertrages hätte mich zumindest weiter darüber nachdenken lassen, ob ich den Jaguar nicht komplett übernehme.

Die allgemeine (schriftliche) Zufriedenheitsbefragung erfüllt aber nur dann ihren Zweck, wenn wir unser Leistungsportfolio entsprechend anpassen und dies unseren Kunden mitteilen – und zwar in der Form, dass ihm für ihre Hinweise zu unserer Performance bzw. zu der unseres Unternehmens gedankt wird.

Bekannt sind die CSI-(Customer-Satisfaction-Index-)Befragungen in der Automobilindustrie. Sie dienen der Kontrolle der Händlerleistung, danach auch dem Erteilen eines Extrabonus für ihn, wenn er besonders gut abgeschnitten hat. Leider werden aber auch die

Kunden (egal ob BMW- oder Jaguar-Fahrer) regelmäßig (zweimal pro Jahr) damit malträtiert. Besonders ärgerlich ist die Tatsache, dass die Kunden immer nur nach der Händlerleistung gefragt werden, aber nie nach der Zufriedenheit mit dem Fabrikat oder gar dem Hersteller allgemein – soviel Penetranz wirkt kontraproduktiv. Ich weiß selbst ein Lied davon zu singen ...

Rechnungen

Warum eigentlich müssen Rechnungen immer wie (Zahlen-) Friedhöfe aussehen, so karg und kalt? Warum nicht mal dem Kunden für seinen Auftrag danken? Schon die Rechnung können Sie dazu nutzen, mit einem Beileger den Kunden darauf aufmerksam zu machen, dass die „Kundendenke" Ihres Unternehmens nicht bei der Zahlung endet, sondern weit darüber hinaus reicht.

Rechnungen mit originellem Beileger, da freut sich der Kunde!

Beispiel: Bei der Lieferung eines Möbelstücks liegen der dazugehörigen Rechnung ein paar Dankeschönworte und ein kleines Reinigungsset bei. Die Rechnung für eine Autolackierung kann das Autohaus durch einen Lackierstift „aufpeppen". Und als Verkaufstrainer bedanke ich mich mit einem Exemplar meines zuletzt erschienen Buches – natürlich mit einer persönlichen Widmung!

Das sind alles kleine Gesten, die unseren Kunden verraten, dass wir ihre Bedürfnisse und Wünsche verstanden haben! Fällt das wirklich so schwer? Dabei kann Dankeschön sagen unsere Kunden süchtig machen.

Danke sagen macht Kunden süchtig!

Sagen Sie immer wieder „Danke!" – auch während der Arbeit, bei der Kalkulation, bei der Montage, bei der Übergabe, nach der Rechnungsbegleichung, wenn Ihr Kunden Ihnen Empfehlungsadressen mitteilt, etc.: Während des Verkaufsprozesses und nach dem Abschluss haben Sie viele Gelegenheiten, Kunden süchtig zu machen ...

Heizungseinbau

Ein bis zwei Wochen nach dem Einbau einer Heizung kann der Meister seine Funktionskontrolle mit einem Zufriedenheitscheck verbinden und – falls der Kunde entsprechend positiv gestimmt ist – diesen nach einer Empfehlung fragen: „Wen kennen Sie noch, der Interesse an einem Ökoheizungssystem hat?“

Für Gartenbauer und Landschaftsarchitekten

Nutzen Sie doch auch hier die Gelegenheit, den stolzen Besitzer eines von Ihnen neu gestalteten Gartens nach der Übergabe nach einer Empfehlung im Sinne einer Garten-/Park- oder Schlossbesichtigung zu fragen: „Darf ich Ihren Nachbarn meinen Prospekt einwerfen ... oder gar klingeln ... und auf das Meisterwerk hinweisen ?“

Heute beim Griechen

Wann sollte der geschickte Gastwirt einen Ouzo überreichen? Richtig: nach dem Essen – denn daran erinnert sich sein Gast mit Sicherheit! Stellen Sie den Ouzo nicht einfach auf dem Tisch ab, sondern präsentieren Sie ihn mit einem „Wohl bekomm's!“ – gut gekühlt sollte er ohnehin sein. So etwas spricht sich herum!

Amuse geule und Abschiedsgeschenk

Die kleine Gaumenfreude ist der Willkommensgruß aus der Küche des Nobelrestaurants: „Du bist mir wertvoll, lieber Gast!“

Der letzte Eindruck bleibt!

Getoppt wird das Amuse geule nur von einem Abschiedsgeschenk, wie es zum Beispiel Gäste des Cheval Blanc im Elsass erhalten: ein Mini-Williams-

Fläschchen im Mini-Holzkistchen. Ganz schön nobel, nicht wahr? Noch Jahre später erinnert sich der Gast daran – auch wenn das Restaurant ziemlich teuer ist, so ist es allein schon aufgrund dieser Wertschätzung für seine Gäste einen weiteren Besuch im wahrsten Sinne des Wortes wert.

Die Gratisflasche Wein vom Pizza-Heimservice

Ab einem bestimmten Bestellwert erhalten wir von unserem Pizza-Lieferanten eine Flasche Wein – aber wehe, diesen Wein entdecken wir am nächsten Tag bei Plus oder Aldi für 1,59 € ... Dann schmeckt beim nächsten Mal die Pizza gleich besser – aber die vom Konkurrenten!

Breuninger

Rund 700.000 Kunden des Stuttgarter Warenhauses Breuninger (mit mittlerweile 14 Filialen) besitzen die BreunigerCard. Für die davon rund zehn Prozent PlatinCard-Kunden veranstaltete Breuninger ein Gänse-Essen – innerhalb von zehn Minuten, nachdem die Aktion im Internet angekündigt worden war, waren schon 100 Plätze reserviert ...

CRM (Customer Relationship Management) mit Macken

Ruft ein Kunde eines großen Kreditkarten-Unternehmens zum Beispiel wegen einer Fehlabbuchung bei der Kundenbetreuung an, muss er seine Kundennummer und PIN angeben. So weit, so gut – aber: Ist er ein „kleiner Fisch“, muss er sich in die (lange) Warteschlangen-Schleife einreihen. Kunden mit dickem Bankkonto dagegen – sprich: Millionäre – werden sofort bedient ...

Was meinen Sie: Kann auf diese Weise aus einem „kleinen" Kunden ein „großer" werden?

Newsletter und Blogs

Moderne Informationsdienste nutzen

Claudia Fischer, eine renommierte Telefontrainerin, versendet an ihre Seminarteilnehmer regelmäßig einen Newsletter, der einiges bietet, weil er eben nicht eine reine Werbeveranstaltung darstellt, sondern immer wertvolle Tipps für besseres Verkaufen parat hält.

Eine Steigerungsform sind so genannte Blogs. Dabei handelt es sich um ein neues Darstellungsformat, mit dem man im Internet Informationen, zum Beispiel Fachartikel, *austauschen* kann.

Sommerfest oder Business-Breakfast des Lieferanten

Kunden-*Bindung* bedeutet auch, mit gezielter Konditionenpolitik Kunden auf festgelegte Jahresmengen zu verpflichten. Klar: Es geht nicht ohne. Aber geschickter sind doch Maßnahmen der Kunden-*Freundschaft*. So haben viele Firmen Events als Chance erkannt, Kunden für sich zu *begeistern*: zum Beispiel Sommerfeste, auf denen auch private Freundschaften entstehen, Skiausflüge, die Mitarbeiter und Kunden zusammenschweißen etc.

Events schaffen emotionale Nähe

Immer beliebter werden auch so genannte BBs, Business-Breakfasts, bei denen die dazu eingeladenen Kunden sich nach einem Kurzreferat über neue Leistungen des Lieferanten ganz unkonventionell mit „ihren" Kontaktpersonen im Unternehmen austauschen können.

Nach solchen Events wurden schon ganze Akademien mit klingenden Namen wie „Corporate University" oder „Wirtschafts-Hochschule für Unternehmer" gegründet ...

Das Feuerwerk

Gnade dem Feuerwerker, der am Schluss noch ein paar Reste findet und sie schnell der Hauptattraktion hinterher schickt – das macht den tollen Eindruck leider kaputt … Jeder weiß: Der grandioseste Feuerwerkskörper gehört an den Schluss. Böller – und aus! So funktioniert's!

Achten Sie also darauf, wie Sie Ihren Kunden verabschieden: Öffnen Sie ihm die Tür? Begleiten Sie ihn zum Auto? Tragen Sie ihm seine Ware dorthin? Winken Sie ihm nach? Bedanken Sie sich für den Einkauf?

Was also tun Sie dafür, dass Ihr letzter Eindruck ein besonders positiver ist? Hört Ihr Kunde, dass er ein gern gesehener Gast war, auf dessen Wiederkommen Sie sich heute schon freuen?

Der Urlaub (1)

In Robinson-Clubs wird man mit Musik und Animateuren begrüßt – wer's mag, findet's toll. Aber der Abschied! Um 10 Uhr vormittags das Zimmer räumen und dann bei gnadenloser Hitze warten, bis der Gruppenbus um 16 Uhr kommt, um Sie zum Flughafen zu bringen. Schöne Urlaubstage wie weggewischt … danke, das war's – einmal und nie wieder!

Der Urlaub (2)

Die ersten 13 Tage: Sonne, Freunde, Spaß, Erholung – am letzten Tag: Regen, Ärger, Frust im Hotel. So schön der Urlaub eigentlich war – das, was bei uns haften bleibt, ist der letzte Eindruck …

Deshalb gilt: 13 Tage Regen und Langeweile – aber am letzten Tag Sonne, und erst die netten Einheimischen … Da haben wir ja echt was verpasst, das sollten wir nächstes

Jahr nachholen – und das bei Sonne, denn die Einheimischen, die können ja nichts für das Wetter!

Vorab-Informationen

VIPs wollen Vorteile und Vorsprung – auch das kann After Sales Service sein. Beispiel: Das örtliche Autohaus lädt alle VIPs, also wichtige, d.h. umsatzstarke Kunden (und die örtliche Polit- und Society-Prominenz – das wertet die Veranstaltung enorm auf!) schon am Freitagabend zu einem kleinen Event anlässlich der Neuvorstellung eines neuen Pkws, während die „breite Masse" erst am Samstag die Gelegenheit bekommt, das neue Auto zu bestaunen.

Wartungsverträge

Kunden das Gefühl geben, wichtig zu sein

OTIS oder Schindler, Unternehmen, die neue Aufzüge verkaufen, versuchen stets, sofort möglichst umfassende Wartungsverträge (zum Beispiel Full Service rund um die Uhr) abzuschließen, um auf diese Weise von Anfang an eine starke Kundenbindung herzustellen.

Geld schafft keine Kundenloyalität

Denn so existenziell wichtig Geld für unser Wirtschaftsleben ist, so hat es hinsichtlich der Kundenbindung einen entscheidenden Nachteil: Es kann keinerlei (emotionale) Loyalität schaffen. Ist also ein anderer Lieferant bei vergleichbaren Leistungen günstiger, wechselt der Kunde, ohne auch nur mit der Wimper zu zucken ...

Reklamationen sind Chefsache!

Wussten Sie, dass mehr als die Hälfte aller Mitarbeiter, die telefonisch Reklamationen annehmen und bearbeiten, sich weigern, den anrufenden Kunden ihre Namen zu sagen? Kein Wunder, dass diese Kunden, die ohnehin wegen des eigentlichen Reklamationsgrundes verschnupft sind, deshalb erst recht sauer sind!

Dabei sind Reklamationen Geschenke für eine bessere Zukunft, denn sie helfen dabei, dass wir uns selbst, unser Unternehmen, unsere Produkte, unsere Leistungen kontinuierlich verbessern können.

Reklamationen sind kostenlose Unternehmensberatung

Unternehmen geben sehr viel Geld aus für externe Berater aus, die mit KVP- oder KAIZEN-Konzepten unsere Produktivität verbessern helfen sollen. Reklamationen kostet dagegen in der Regel nichts – eine Reklamation ist sozusagen eine kostenlose Beratung! Deswegen dürfen wir Reklamationen nicht leichtfertig abtun. Ganz im Gegenteil Wir müssen sie ernst nehmen und als Anlass für konstruktive Veränderungen betrachten. Aus diesem Grund sind Reklamationen Chefsache. Nicht umsonst begegnen wir gerade als Verkäufer immer wieder der alten Binsenweisheit: Für den ersten Eindruck gibt es keine zweite Chance – der letzte Eindruck jedoch verbleibt.

Ein Dankeschön auch nach Jahren

Als Trainer bekomme ich nach Vorträgen und Seminaren gelegentlich noch ein kleines Geschenk. Das ist mal ein Schreibwerkzeug, mal eine Flasche guter Wein. Ich habe mir deshalb angewöhnt, mir zu notieren, zu welchem Anlass ich das Präsent von wem erhalten habe. Wenn ich also den Füller in die Hand nehme oder die Flasche entkorke, werden schöne Erinnerungen wach. Ist doch klar, dass ich am nächsten Tag den Kunden telefonisch daran teilhaben lasse! Die Verblüffung ist perfekt, wenn er sich darüber wundert, welch fabelhaftes Gedächtnis „sein“ Trainer doch hat ...

Der Montagsbrief

Egal wo: Ein guter Start ist enorm wichtig. So sagte auch das österreichische Skiass Hermann Maier einmal: „Meine besten Rennen fahre ich, wenn ich schon am Start eine Sekunde Vorsprung vor der Konkurrenz habe."

Jeder hat seine eigene Methode, sich selbst in Fahrt zu bringen. Ich zum Beispiel verschaffe mir einen emotional guten Start in die Woche, indem ich jeden Montag, noch bevor meine Mitarbeiterinnen im Büro erscheinen, einem lieben Geschäftsfreund einen Brief schreibe:

„Gestern las ich in der Zeitung einen tollen Artikel, der Sie interessieren dürfte ..." Entscheidend für die Wirkung des Briefes dabei ist, dass ich ihn handschriftlich verfasse. Denn wer in unserer IT-dominierten Welt erhält heute noch einen „altmodischen", weil handschriftlichen Brief?

Der „Für Sie gelesen"-Notizzettel

Fachartikel mit einem solchen Notizzettel waren früher ein probates Mittel, um Kunden zu überraschen – oder eben zu begeistern. Heute allerdings, wo unsere Kunden – und zugegebenermaßen auch wir selbst – von Informationen (reiz-)überflutet werden, löst zuviel Informationsmaterial oft eher ein resignierendes „Wann soll ich denn noch lesen!" aus. Gehen Sie also eher sparsam mit solchem Material um, und wenn Sie Ihrem Kunden etwas zuschicken, dann auch nur Kurzinformationen, die er innerhalb von zehn Sekunden lesen, erfassen und verarbeiten kann – sonst stellt sich bei ihm möglicherweise ein Gefühl der Überforderung ein, das dann aber mit Ihrem Namen verbunden ist ...

Den Kunden informieren, aber richtig

Ihrer guten Absicht geben Sie daher ein noch professionelleres Auftreten, wenn Sie die für Ihren Kunden wirklich entscheidenden Informationen knapp und auf den Punkt gebracht aufbereiten, zum Beispiel, wenn Sie nicht einfach einen kompletten Fachartikel unkommentiert in den Umschlag stecken, sondern die wichtigen Passagen darin mit einem Textmarker hervorheben.

„Das zweite Auto verkauft der Monteur!"

Es ist schwierig, einen Kunden zu gewinnen, denn oft ist er mit unserer Konkurrenz zufrieden und sieht keinen Grund für einen Wechsel. Doch haben wir ihn erst einmal für uns, unsere Produkte und damit für unser Unternehmen gewonnen, ist es ein Leichtes, ihn zu halten – es sei denn, wir geben ihm einen (berechtigten) Grund, verärgert zu sein, zum Beispiel, weil ihm ein mürrischer und schimpfender Servicetechniker unseres Unternehmens die gute Laune verdirbt ...

Der (Kunden-)Service ist das Zünglein an der Waage des Erfolgs eines Unternehmens: Im direkten Kontakt mit einem Kundendienstmitarbeiter wie einem Monteur erfährt der Kunde die Wahrheit über die die tatsächliche Leistungsfähigkeit seines Lieferanten!

Der Kundenservice – Visitenkarte des Unternehmens

Deshalb sollten Sie nachfolgend einige Grundfragen hinsichtlich der Außendarstellung Ihres Unternehmens kritisch beantworten:

- Sind unsere Kundendiensttechniker geschult, was das freundliche Auftreten gerade gegenüber Kunden betrifft? (Jeder hat es doch lieber mit Leuten zu tun, die angenehm im Umgang sind.)
- Sind die Fahrzeuge und das Werkzeug immer gepflegt? (einheitlicher Standard, gut funktionierende Kommunikationstechnik etc.)
- Sind die Techniker einheitlich gekleidet und gut gepflegt?
- Sind die Serviceleute auch auf Zusatzverkauf trainiert? (Techniker haben gegenüber Kaufleuten einen Glaubwürdigkeitsvorsprung.)
- Sind unsere Mitarbeiter echte Persönlichkeiten? (Auftreten, Outfit, Vorstellung mit vollem Namen: „Mein Name ist Schulz, Peter Schulz, von der Begeisterung AG" – das wertet enorm auf!)

Nach dem Verkauf ist vor dem Verkauf

Einen Kunden zu gewinnen, verlangt zehnmal mehr Energie, als ihn zu halten. Also: Pflegen Sie Ihre einmal gewonnenen Kunden – verwenden Sie ein bisschen mehr Sorgfalt auf diese, denn Kunden sind Menschen, und Menschen machen das Geschäft, nicht Maschinen.

Und Menschen brauchen und wollen Beachtung. Ein Kunde, der sich nicht beachtet fühlt, kommt leicht zu dem Schluss: „Man hat mich übersehen. Also bin ich für die anscheinend nicht wichtig!" So schnell wird in der Empfindung des Kunden aus einem *nicht be*achtet ein *miss*achtet!

Glück verkaufen statt Nutzen

oder: Der Super-Verkäufer hat den Trendkompass

Der Super-Verkäufer, der künftig an der Erfolgsspitze stehen will, benötigt eine neue Sensitivität:

Der Super-Verkäufer jongliert mit vielen Optionen

- Jeder Kunde hat andere Vorstellungen, andere Wünsche, also andere Gedanken zur Zukunft, zur Zeit nach dem Kauf, in der er ein Produkt nutzen, sich daran erfreuen will.
- Der Verkäufer benötigt also in jedem einzelnen Gespräch aufs Neue die Sensibilität, herauszufinden, wie bei jedem Kunden die persönlichen Vorstellungen, also die Kaufmotive, aussehen.

- Diese Vorstellungen muss er dann in seinen Argumenten und in seiner Präsentation zur vorweggenommenen Wirklichkeit werden lassen.
- Er versetzt den Kunden damit in Begeisterung über die erfüllten Wünsche. Der Kunde muss „nur" noch den Kaufvertrag unterschreiben und seine Wünsche werden Wirklichkeit.

Zu den prägenden Elementen der Kundenvorstellungen und -wünsche zählen die Trend- und Zukunftsexperten nahezu einheitlich das Streben nach Spaß, nach Freude, nach Glück – auch dort, wo nicht der private Freizeitbereich, sondern wo der berufliche Arbeitsbereich betroffen ist. „Bei Menschen verschiebt sich immer mehr die Dimension der Arbeit. Die Menschen wollen mehr Sinn, sie wollen dezidiert mehr Spaß. Die Ansprüche aus dem Freizeitvergnügen wandern in die organisierte Arbeit hinein. Arbeitsfreude ist inzwischen für 62 Prozent aller Menschen zum wichtigsten Motivationsfaktor für erfolgreiche Arbeit geworden." Fürs Freizeitforschungsinstitut des Hamburger Zigarettenkonzerns BAT stellte dies Institutsleiter Horst W. Opaschowski fest.

Für erfolgreiches Verkaufen bedeutet das: Mit Nutzen allein fängt keiner mehr viele Kunden ein.

Hedonismus bieten = gesteigertes Glücksgefühl schaffen

Die Kunden erwarten jenseits der rationalen Nutzenangebote eines Produkts auch emotionale Bedürfnisbefriedigung durch den Kauf. Der „neue Kunde" will Spaß haben, er will glücklich durch den Kauf sein und er will sein Glück nach dem Kauf genießen. Diese emotionalen Bedürfnisse befriedigt ihm zum Beispiel:

- der Lieferant, der mit Kommunikations- oder Marketinginstrumenten – wie Events, Kontaktbriefen, Kundenclubs, Seminaren oder Zirkeln für den Er-

fahrungsaustausch – Gefühle von Betreutsein und Geborgenheit vermittelt;
- die Werbung, die Bilder erzeugt, wie sich mit dem Produkt, wie sich durch den Kauf Spaß und Glück einstellen;
- der Verkäufer, der durch seinen Auftritt, seine Kontakt- und Argumentiertalente und seine Präsentationsperfektion den Kunden nicht nur sachlich überzeugt, sondern ihn auch emotionell begeistert, Sympathie vermittelt und Sympathie anzieht;
- der Service, der nach dem Kauf den Kunden bestätigt und aufwertet, der ihm Betreuung, Nähe und „Anlehnung" bietet, nicht nur bei Reklamationen oder Defekten.

Das sind wesentliche Elemente des Beziehungsmanagements, auf dem Super-Selling aufbaut. Es geht um die emotionale Bedürfnisbefriedigung beim Kunden in Zeiten, in denen die materiellen, die rationalen Bedürfnisse weithin gesättigt sind und gesättigt werden können durch im Großen und Ganzen identische und austauschbare Produkte.

Eigene Begeisterung erzeugt Begeisterung beim Kunden

Glück löst Nutzen ab

Die Bedürfnisse nach Glück bei den Kunden befriedigen, das kaufentscheidende Quäntchen an Begeisterung, kann aber ein Unternehmen nicht bieten, in dessen Organisation nicht auch der Funken der Begeisterung glimmt. Nur wer selbst begeistert ist, kann auch Kunden begeistern! So lautet eine der Grundregeln für Verkaufserfolge.

Visionen: Lokomotiven des Erfolgs

Anita Roddick, Schöpferin der weltweit erfolgreichen Body-Shops, kritisierte einmal: „Der Mangel in vielen Unternehmen ist heute, dass es der Führung an

Visionen und an Leidenschaft mangelt." Magyar (siehe Literaturempfehlungen) führt den Gedanken konsequent weiter: „Visionen haben die Zugkraft von Lokomotiven. Geistesblitze kann man nicht anordnen, doch es kommt darauf an, die Bedingungen zu schaffen, unter denen sie zustande kommen." Unternehmen, in denen diese Bedingungen den Ton angeben, sind der Nährboden fürs Super-Selling – für den Verkauf, hinter dem Begeisterung steht, der bei den Kunden Begeisterung auslöst.

Trends erkennen hilft Kunden besser kennen

Nicht jeder Einzelne kann Trends und Visionen initiieren. Nicht immer lassen sich im Markt Alleinstellung und Pionierstellung realisieren.

Röntgenblicke in die Sehnsüchte der Kunden

Doch kann jeder Verkäufer globale, von anderen ausgelöste Trends erkennen und sie positiv für seine Verkaufsgespräche nutzen. Denn wer Kunden in künftigen Märkten begeistern will, muss die Wünsche, die Erwartungen, die heimlichen und die innersten Sehnsüchte der Kunden kennen. Zehn Megatrends, die Faith Popcorn in ihren Analysen präsentiert, können Verkäufern helfen, die transrationalen Bedürfnisse, die Sehnsüchte und emotionalen Wünsche von Kunden jenseits der Bedarfserfüllung etwas leichter zu erfassen und sich darauf vorzubereiten. Auf die Situation in der deutschen Bundesrepublik im zweiten Jahrzehnt nach der deutsch-deutschen Wiedervereinigung lassen sich die zehn Popcornschen Megatrends etwa so interpretieren:

Hinweise auf die Seelenlage der Kunden morgen und übermorgen gibt die populäre amerikanische Zukunftsforscherin Faith Popcorn in ihrem weltweiten Bestseller „Der Popcorn-Report" (siehe Literaturempfehlungen)

- 1. Trend: Kokon-Dasein in einem neuen Jahrzehnt

Menschen spinnen sich in ihren Kokon ein, bedingt durch Fernsehen, durch Wohnburgen und durch zunehmende Anonymität in der ausufernden Gesellschaft. Der Mensch möchte aber aus diesem Kokon heraus, weiß oft jedoch nicht wie. Es gibt sehr viele „Fluchterscheinungen“. Frederic Vester beschreibt, wie die Menschenmassen am Wochenende nicht reisen, sondern einfach nur von zu Hause wegfahren.

Rund ein Drittel aller 35-Jährigen lebt in sozialer Einsamkeit. Menschen brauchen Zuflucht und Heimat wie nie zuvor.

Bieten wir das in den Verkaufsgesprächen? Bieten das unsere Argumente? Bietet das unser Unternehmen in Philosophie, Leitbild und tatsächlichem Image?

- 2. Trend: Fantasie-Abenteuer

Die Lust auf Abenteuer nimmt zu. Der Mensch möchte viel erleben, immer wieder etwas Neues. Fernsehen macht erlebnisgierig. Fernsehen dient als Erlebnissublimation.

Fernsehen tötet aber auch die eigene Erlebnisfantasie ab. Die Erlebniswünsche setzen sich dann in animierter Umgebung fort: Club Med, Robinson-Clubs, Event-Marketing, Einkaufs-Erlebniswelten.

Was bieten wir unseren Kunden?

- 3. Trend: Kleine Genüsse

Die Menschen sind satt. Die Arbeit füllt nicht mehr aus, weder die Zeit des Tages noch die inneren Potenziale. Die Menschen sind satt, übersatt sogar. Die Entfernung vom Existenzminimum nahm laufend zu: Aus Wasser wurde Bier, aus Bier wurde Pils, aus Pils wurde Premium-Pils, aus Premium wird das Erlebnissurrogat. Statt nach der Existenzsicherung sucht der Mensch heute nach ständigen „kleinen Genüssen“: Küsschen von Ferrero, Flirt mit „Mon Cherie“, Megasound für die Verkehrsdurchsagen im Auto, Sonnentour mit dem Motorrad, Ballonfahrten, Abendessen am Werktag in der „L'Aubergine“, spontaner Stehimbiss mit Hummer oder Kaviar in den Hamburger Alster-Passagen ...

Ist es ein Genuss, bei uns zu bestellen?

- 4. Trend: Ichbezogene Wirtschaft („Egonomics“)

Scheffeln in der Isolation

Jeder scheffelt für sich selbst und denkt an seinen eigenen Vorteil. Das führt zu erbitterten Konkurrenzkämpfen. Das bringt viel Neid mit sich. Die Sucht, zur Nummer eins am Markt zu werden, ist vergleichbar mit der Sucht nach dem technisch perfektesten, nach dem schnellsten Auto.

Soziale Dienste sind auf der Strecke geblieben. Erste Trendwenden aber zeichnen sich ab: Ein Unternehmen gründet eine Tochter, über die Langzeitarbeitslose wieder auf den Markt gebracht werden. Coca-Cola überlegt, Kinderhorte in breitem Maß aufzubauen. Ein Chemiekonzern fördert den Berufsnachwuchs durch Vorträge der Manager an Berufsschulen und Fachhochschulen.

Bekommt der Kunde bei uns seine individuelle Ego-Befriedigung?

- 5. Trend: Aussteigen

Kaufen: spontan und auf Zeit

Beruf und gesamtes Dasein werden den Menschen heute sehr schnell über. Ein Beruf wird nicht mehr fürs ganze Leben erlernt und ergriffen, eine Ehe wird oft als Gemeinschaft auf Zeit eingegangen. Das Aussteigen führt nicht mehr auf die einsame Insel, sondern nur zum Tapetenwechsel: Die Lust, einmal ganz was anderes zu tun, schlägt durch.

Ist bei uns alles traditionsverstaubt oder erlebt der Kunde immer wieder erfreuliche Innovationen?

- 6. Trend: Länger jung bleiben

Die durchschnittliche Lebenserwartung des Menschen steigt dank der raschen Entwicklung der Medizin steil an. Gegen Falten gab es früher kein Kraut. Alter galt früher als „Hort der Weisheit" und war mit Rat und Erfahrungen gefragt. Heute regiert das Idol der ewigen Jugend: Milliarden werden auf dem Altar des Wunsches nach Jugend für Kosmetik gegen Falten, für Fitness, Schönheitschirurgie und gesundheitsbewahrende Ernährung geopfert.

Bieten wir jugendliche Frische in der Zusammenarbeit?

- 7. Trend: Möglichst lange leben

Noch vor 150 Jahren stellte sich der Mensch auf eine mittlere Lebensspanne von 35 oder 40 Jahren ein.

Ewige Jugend fürs lange Leben

Das kurze Leben wurde durch lange Arbeitstage ausgeglichen: 16 Stunden am Tag waren die Norm. Heute steht die Freizeit im Mittelpunkt und die Freude am Leben wird immer größer. Niemand will früh sterben. Gesundheitserhaltung wird zum Fetisch. Mit Beispielen bedeutender, sehr alter Menschen, die noch größte Leistungen vollbrachten, nährt jeder seine Hoffnungen.

Wird in unserem Unternehmen eine längere Zusammenarbeit mit Kunden beabsichtigt, herbeigeführt und zu gegebenen Anlässen auch feierlich „begossen"?

- 8. Trend: Der wehrhafte Verbraucher

Noch nie waren Verbraucher so gut ausgebildet (Quoten für Abitur, Hochschul- und Universitätsabschlüsse), so aufgeklärt wie heute (Warentest, Verbraucherzeitschriften und aktuelle Presse, Verbraucherzentralen, Rundfunk, Fernsehen etc.).

Kunden sind aufgeklärt

Noch nie hatten Kunden so vielfältige Möglichkeiten, sich zu informieren. Noch nie gab es so strenge Informations- und Haftungsvorschriften für die Hersteller der Produkte auf dem Markt. Noch nie bestand in der Öffentlichkeit eine so hohe Sensibilität für Ökologie und soziale Verantwortung von Produkten und Unternehmen.

Spürt der Kunde unsere ehrliche und reelle Absicht deutlich?

- 9. Trend: 99 Leben auf einmal

Noch vor 100 Jahren übernahm nach Möglichkeit der Enkel den Betrieb, den der Vater vom Großvater geerbt hatte. Handwerkliche Zunftordnungen prägten weithin das Leben. Einen Beruf perfekt zu können machte zufrieden und hatte für ein Leben lang goldenen Boden.

Heute reicht das nicht mehr aus. Lebenslanges Lernen ist nötig, ständige Flexibilität zur Anpassung an die rasche technische und gesellschaftliche Entwicklung.

Monotonie ist out

Reisen ist weit verbreitet und kein Luxus mehr. Kulturen vermischen sich und verschmelzen. Monotonie ist out. Wenn Langeweile aufkommt, dann lockt der Wechsel: Beruf, Ort, Hobby, Geschmack, Werturteile, Partnerschaft, Interessen und Moden wechseln zuweilen von einem Moment auf den anderen.

Bieten wir dem Kunden genug Abwechslung?

- 10. Trend: S O S – Rettet unsere Gesellschaft („Save Our Society“)

Die Menschen spüren, wie weit bereits gesellschaftliche Werte vernichtet wurden (Natur, Luft- und Wasserreinheit, Lebensvielfalt und -qualität, atomare Bedrohung, soziale Verantwortung, familiärer Zusammenhalt, Ethik, Moral, kulturelle Vielfalt). Vielen scheint die Selbstvernichtung der Menschheit in greifbare Nähe gerückt. Die Fluchtbewegungen (in die Kleinfamilien, aus der Stadt, aus dem beruflichen Stress) aber ebben ab. Soziale Gemeinschaften liegen wieder im Trend (mehrere Generationen in einem Haus, Wohngemeinschaften, Vereine, Bürgerinitiativen, Nachbarschaftshilfen etc.).

Haben wir Kundenclubs, Veranstaltungen, in denen mehr als nur das Produkt angeboten wird? Finden die Kunden bei uns zum Beispiel auch Lebenshilfe und berufliche Unterstützung?

Erfolgreicher Verkauf der Zukunft durch Begeisterung

Selbstmotivation hilft über Hürden und Herausforderungen

Faith Popcorns Trends sind die voraussehbaren Umweltbedingungen für den Verkäufer von heute, morgen und übermorgen. Mit Begeisterung lassen sich diese Herausforderungen meistern. Sie führen zurück in die Kapitel und Abschnitte dieses Buches, machen neugierig, letztere nochmals zu lesen, nochmals konzentrierter nachzudenken über Selbstmotivation, über Kommunikation, über die Orientierung an der Begeisterung der Kunden.

Auf die zehn genannten Trends gibt das Buch viele spezifische Antworten, unterstützt durch Beispiele und Anregungen aus der Praxis für die Praxis. Motivation zur Vorfreude auf den Erfolg bietet dieses Buch ebenso wie Orientierungslinien in scheinbar unübersichtliche

Märkte, die sich immer stärker ausdifferenzieren. „Mit Begeisterung verkaufen“ bringt Spaß für Kunden und Verkäufer. Dieser Weg führt in die erfolgreiche Zukunft für Verkäufer persönlich, für „ehrliche“ Produkte und für Lieferanten, für die der Kunde definitiv als „Maß aller Dinge“ gilt.

Danke!

Ja, danke an all die Mitarbeiter, Berater, Impulsgeber, Seminarteilnehmer und Fans, die dieses Buch mit aus der Wiege gehoben haben. Alle zu erwähnen ist unmöglich, denn viele Ideen sind von begeisternden VerkäuferInnen gekommen und hier eingeflossen.

Stellvertretend für alle, denen ich Dank sage, möchte ich nennen:

Loek C. M. de Bruin (†), der mich philosophisch prüfte

Roland Franck, der viel Herzenswärme hineintrug

Hans-Uwe Köhler, der ständig kreativ bereicherte

Kasimir Magyar, der mir Spaß an Perfektion vermittelte

Margit Truckenmüller, die alles koordinierte und powerte

Horst Strache (†), der den „neuen“ Einkäufer schilderte

Jan L. Wage, der die Trainingslust in mir weckte

Norbert Weißhaar, der Loyalität „lebt“

Christian Zach, der mit übergroßem Eifer melodisch textete

Walter Zulauf (†), dem ich so viel Lebenslaune verdanke, und

Eva, meiner Frau, die mir die Kraft gab.

Literaturempfehlungen

Unter all den vielen guten Büchern, aber auch den weniger lesenswerten, empfehle ich Ihnen die folgenden:

Bornhäußer, Andreas: Präsentainment. Die hohe Kunst des Verkaufens. München 2001

Carnegie, Dale: Wie man Freunde gewinnt. München 2003

Und natürlich die meinen, die für die Spitzenverkäufer:

Detroy, Erich-Norbert: Sich durchsetzen in Preisgesprächen und Preisverhandlungen. Frankfurt/Main, 13. Auflage 2004

Detroy, Erich-Norbert: Das Powerbuch der Neukundengewinnung. Frankfurt/Main, 3. Auflage 2005

Und weitere:

Beschenar, Alexandra: Die Bedeutung ausgewählter Persönlichkeitsvariablen für den Verkaufserfolg. Qualitative Forschung zu Fähigkeiten, Einstellungen und der Persönlichkeitsstruktur des Verkäufers. Diplomarbeit an der Hochschule Reutlingen, European School of Business. Reutlingen 2006

Christiani, Alexander u.a.: Das Sales-Masters-Training. Ihr Expertenprogramm für Spitzenleistungen im Verkauf. Wiesbaden 2005

Enkelmann, Nikolaus B.: Charisma. Beruflicher und privater Erfolg durch Persönlichkeit. Frankfurt/Main 2003

Fink, Klaus-J.: Empfehlungsmarketing. Königsweg der Neukundengewinnung. Wiesbaden, 2. Auflage 2003

Fink, Klaus-J.: Bei Anruf Termin. Telefonisch neue Kunden akquirieren. Wiesbaden, 2. Auflage 2002

Geffroy, Edgar: Das Einzige, was stört, ist der Kunde. Frankfurt/Main, 2. Auflage 2003

Goldmann, Heinz M.: Wie man Kunden gewinnt. Das Leitbuch erfolgreicher Verkaufspraxis. Berlin 2002

Goldmann, Heinz M.: Wie Sie Menschen überzeugen. München 1994, 4. Auflage

Harris, Thomas A.: Ich bin o.k. Du bist o.k. Eine Einführung in die Transaktionsanalyse. Wie wir uns selbst besser verstehen und unsere Einstellung zu anderen verändern können. Reinbek 2002

Holzheu, Harry: Natürliches Verkaufen. Das Persönlichkeitstraining für mehr Erfolg. München 2000

Köhler, Hans-Uwe L.: LoveSelling. Geniale Ideen sind oft ganz einfach. Regensburg 1998

Magyar, Kasimir/Prange, Peter: Zukunft im Kopf. Wege zum visionären Unternehmen. Freiburg im Breisgau 1993

Molcho, Samy: Körpersprache. München 2003

Peters, Thomas J./Waterman, Robert H.: Auf der Suche nach Spitzenleistungen. Was man von den bestgeführten US-Unternehmen lernen kann. Frankfurt/Main, 9. Auflage 2003

Popcorn, Faith: Der Popcorn-Report. Trends für die Zukunft. München 1995

Strache, Horst: Einkaufsverhandlungen souverän führen, Gewinn aushandeln, Wiesbaden 1993

Wage, Jan L.: Psychologie und Technik des Verkaufsgesprächs. Landsberg/Lech, 12. Auflage 1997

Über den Autor

Erich-Norbert Detroy (Branchenkürzel E. N. D.) ist einer, der den Verkauf und den Verkäufer liebt. Ursprünglich redegehemmt und introvertiert ist er heute einer der ganz großen Redner auf Großveranstaltungen und begeisternder Trainer von Spitzenverkäufern.

So wie er seine eigenen Handicaps überwand, hilft er unzähligen Menschen, die Freude am Verkaufsberuf zu finden.

Seine Fans nennen ihn „Turbo-Trainer" – kaum einer weiß sein Publikum so in den Bann zu ziehen, so zu begeistern wie er. Bei seinen Seminaren und Vorträgen verspürt jeder Teilnehmer, jede Teilnehmerin sofort Lust, die Detroyschen Ideen schnell in die erfolgreiche Praxis umzusetzen.

E. N. D.s Referenzliste liest sich wie ein Who's who der Weltelite, da fehlen auch wohlklingende Namen wie DaimlerChrysler, Jaguar und Porsche nicht, genauso wenig verzichteten Firmen wie Poclain, Komatsu oder Michigan auf seine Dienste ... wo er doch auch stolz auf die vielen Mittelständler blicken kann, die er seit vielen Jahren betreut.

Als mehrfacher Fachbuchautor (mit zwei Bestsellern!) genießt er auch den Ruf, der Trendsetter unter den Verkaufstrainern zu sein.

Der Kontakt zu ihm ist ganz einfach:

Erich-Norbert Detroy
c/o DETROY CONSULTANTS INTERNATIONAL
Kelterstraße 10
D-71717 Beilstein (Nähe Stuttgart)
Tel. ++49 (70 62) 58 51
Fax ++49 (70 62) 57 03

detroy@detroy-consultants.de
www.detroy-consultants.de